AF325614

JEAN MARTET

M. Clemenceau
peint
par lui-même

ALBIN MICHEL, ÉDITEUR
PARIS

M. Clemenceau
peint
par lui-même

OUVRAGES DU MÊME AUTEUR

Marion des Neiges, roman.
Gubbiah, roman.
Dolorès, roman.
Le Silence de M. Clemenceau.

A paraître :

Le Tigre.

JEAN MARTET

M. Clemenceau peint par lui-même

ALBIN MICHEL, ÉDITEUR
Paris — 22, rue Huyghens, 22 — Paris

A GEORGES WORMSER

_J. M._

M. CLEMENCEAU PEINT PAR LUI-MÊME

I

« JE LE REPRENDRAIS »

Voici la suite des propos de M. Clemenceau que j'ai commencé à recueillir en 1927[1].

On verra que dans la plupart de ceux-ci M. Clemenceau s'évade des préoccupations actuelles et se retourne sur son passé : il revoit son enfance, sa jeunesse, ses voyages, ses batailles pour la République, pour la laïcisation, etc. Ce sont des souvenirs assurément un peu incomplets et on remarquera que comme tous les vieillards M. Clemenceau se rappelle plus volontiers et plus facilement les premières années de sa vie que tels événements plus récents. Mais ils ont un grand mérite : M. Cle-

---

1. Voir *Le Silence de M. Clemenceau*.

menceau les a « parlés » et par conséquent leur
a laissé leur fraîcheur et leur couleur. Il se fût
moins bien évoqué la plume à la main que par
le moyen de ces modestes petits disques phono-
graphiques qui, je l'espère, nous le rendront tel
qu'il a été, dans sa jeunesse ardente, impatiente,
téméraire, dans les victoires et les défaites, les
embûches et les trahisons de la vie. Je puis bien
faire cet éloge des pages que voici : je ne les ai
écrites que sous sa dictée.

18 mai 1928.

J'arrive rue Franklin. Piétri est déjà là.

M. CLEMENCEAU, me voyant entrer.

Ah ! Alors ?

MOI

Je vois dans les papiers que vous m'avez donnés à classer un certain nombre de documents
qui concernent l'attitude des Alliés à l'égard de
Foch. Ces documents ne sont pas signés ; je me
demande donc ce qu'il faut en prendre... Est-il
exact que les Alliés aient protesté contre l'attitude de Foch qui ne cessait de critiquer le Traité ?
Que c'est à votre demande instante qu'il a pu
rester à la tête des troupes ?

M. CLEMENCEAU

C'est bien simple. Foch n'en faisait exactement qu'à sa tête. Un jour, je lui avais demandé
de faire parvenir une lettre au général commandant les troupes d'occupation en Allemagne.

Il me l'a retournée et j'ai été forcé de l'envoyer directement. Alors qu'est-ce que vous voulez ? Les Alliés disaient : Comment pouvons-nous nous entendre avec un homme qui ne vous obéit même pas !

MOI

Hier, je parlais avec Piétri du travail que vous venez d'écrire sur les Dettes. Piétri l'a lu...

PIÉTRI

J'en ai lu le commencement...

MOI

Je voudrais bien le lire.

M. CLEMENCEAU

Vous le lirez. Il y a de bonnes choses là-dedans à l'adresse des Américains.

MOI

Et des Français aussi, sans doute ?

M. CLEMENCEAU

Vous pouvez y compter.

Albert entre et annonce le Docteur Laubry.

M. CLEMENCEAU

Dans ma chambre. (*Albert sort.*) Dans les papiers que je vous ai remis vous n'avez pas trouvé une assez longue note que j'ai écrite sur mes rapports avec Foch, sur ce que je pense de Foch ?

MOI

Si. Je suis en train de la lire. Je vous la rendrai prochainement.

M. CLEMENCEAU

Non. Gardez-la. C'est pour vous. Vous en aurez peut-être besoin. Dans cette note est-ce qu'il est question des conversations de Foch avec mon frère Albert, à Cassel ?

MOI

Je crois que oui.

M. CLEMENCEAU

Alors, ça va.

MOI

Je voudrais vous poser une question. C'est à propos de la propagande défaitiste, pacifiste, pendant votre ministère.

M. CLEMENCEAU

Allez.

MOI

Vous avez attaqué M. Malvy à l'aide de ce document, que je vois là, sur votre table, qui est un long rapport émanant de la Sûreté Générale et qui raconte avec précision toutes ces histoires de propagande révolutionnaire, antipatriotique, dans les usines, les syndicats, etc. Grâce à ces pages, — qui sont d'une lecture sinistre... je ne sais si vous vous en souvenez ?

M. CLEMENCEAU

Oui. Effroyable.

MOI

... vous avez renversé M. Malvy. Vous êtes arrivé au pouvoir. Vous avez interrompu la carrière de MM. Malvy et Caillaux...

M. CLEMENCEAU

Et de quelques autres aussi, Martet. Et, en termes plus catégoriques : Bolo, Lenoir, etc.

MOI

Oui. Mais, enfin, il en est resté un bon nombre, — les Merrheim et autres, — qui auront probablement continué à tenir les propos que vous aviez reproché à M. Malvy de leur avoir laissé tenir. Nous avons ce document sur la propagande défaitiste du temps de M. Malvy. Mais êtes-vous sûr qu'il n'existe pas un autre document pareil à celui-ci sur la propagande défaitiste du temps de M. Clemenceau ?

M. CLEMENCEAU

Eh bien ! ça m'étonnerait ! Car elle ne devait pas être bien terrible, la propagande défaitiste de mon temps ! Ces gens-là braillent beaucoup quand on les laisse brailler. Quand on leur dit : « Assez ! » ils se taisent. Le révolutionnaire de ce modèle-là est généralement un raté qui n'a pu arriver à rien dans les cadres ordinaires de la Société par les moyens normaux et légaux établis par elle. Alors il se dit qu'en flanquant la Société par terre, il arriverait peut-être à la faveur de ce gâchis... C'est un être assez prétentieux, qui a une très haute idée de lui, qui, en entrant dans la vie, s'attendait à grimper au sommet, du premier coup, grâce à ses talents, à son éloquence et à diverses choses de ce genre. Il s'aperçoit qu'en fait de sommet il est tout juste conducteur de tramway ou balayeur municipal... Il en conclut qu'il n'y a pas de justice ou que, s'il y a une justice, elle lui est défavorable, — ce qui est tout comme. Ce sont des crétins et qui ne sont pas beaucoup plus courageux que les bourgeois, — et sapristi ! ça n'est pas peu dire !

« Ce qui donne du courage, ce sont les idées.

Or, vos révolutionnaires ont des idées comme ma savate. Ils ont de la bile, de la rancœur... Ça ne mène pas très loin, tout ça. Je les ai vus pendant la guerre ; j'ai causé avec eux et j'ai essayé de trouver en eux quelque chose : c'est pitoyable. Je n'ai jamais eu aucune difficulté avec aucun de ces phénomènes. Quand M. Malvy venait nous dire au Sénat : « Ne touchez pas à ces gens-là ! Ce serait la Révolution ! » il se fichait de nous. Je n'ai même pas eu besoin d'entrer en lutte avec eux. Ça s'est dissipé comme de pâles ombres.

« J'ai eu beaucoup moins d'embêtements avec les anarchistes qu'avec Poincaré et Foch.

> *Un silence. Soudain et avec une*
> *sorte de demi-solennité :*

« A propos de Foch... eh bien ! vous voyez, Martet, la façon dont Foch s'est conduit envers moi, toutes les chinoiseries, les mesquineries, qu'il m'a faites, les précautions que je suis forcé de prendre contre lui... Oui, — il n'empêche malgré tout qu'il a été l'homme qu'il fallait. Avec Pétain — qui est un homme sûr et loyal et qui s'est conduit toujours parfaitement avec moi — la guerre durait un an de plus.

« Alors qui ? Mangin ? Il fallait s'attendre à tout avec Mangin. Il était capable des meilleures comme des pires choses... Fayolle ? Maistre ? Castelnau ? Guillaumat ? Je ne vois que Foch.

« Lors de la dernière offensive des Boches, j'ai eu peur ; j'ai douté de lui. Je me faisais une règle de ne pas m'occuper des opérations militaires, — mais, dans certains cas, je me fous de la règle, le pays au-dessus de tout... Je suis donc allé trouver Pétain. J'ai demandé à Pétain : « Alors ? Qu'est-ce qu'il faut penser de Foch ? » Et Pétain m'a répondu : « J'ai vu ses plans... Il n'y a rien à dire. » Alors je l'ai laissé continuer. La Chambre m'a demandé sa tête. Je l'ai défendu. J'ai d'ailleurs passé ces deux années-là à le défendre. Contre tout le monde. Et j'y ai eu d'autant plus de mérite qu'à ce moment-là je l'avais déjà percé, que je connaissais ses sentiments à mon égard et que je ne l'aimais pas, que je n'aime pas ces gens-là, dans l'âme de qui le cran, le courage cohabitent avec d'autres choses... un peu moins belles... Je l'ai défendu parce qu'il ne s'agissait au fond, dans tout cela, ni de lui ni de moi, mais du pays.

« Foch, qui savait ce qu'il pouvait attendre de lui-même, avait ceci de bien qu'il s'appuyait sur Weygand... Et il avait de la flamme ! Il avait une flamme de tous les diables ! A Doullens je l'ai très sincèrement admiré. Il allait et venait en leur disant : « Mais, enfin, vous criez, vous discourez, — vous ne vous battez pas ! Moi, je me bats devant Amiens, je me bats dans Amiens, je me bats derrière Amiens ! » Ceci d'un ton !

« Je le répète : si c'était à refaire, même sachant ce que, personnellement, j'ai à attendre de Foch, je le reprendrais. Je ne regrette rien.

Longue poignée de main. Nous sortons.

MOI, *à Piétri.*

Ce qui m'ennuie c'est ce livre qu'il est en

train d'écrire sur Monet[1]. Monet était un grand artiste mais tout de même... après *Démosthène* et *Au Soir de la Pensée*... Est-ce que vous ne croyez pas qu'on en conclura qu'à la longue il s'est désintéressé de son idée ?

Piétri ne répond pas.

1. M. Clemenceau a commencé à écrire son *Claude Monet* qui paraîtra quelques mois plus tard.

II

LES REMERCIEMENTS DE FOCH

Le 26 mars 18, à Doullens, les Gouvernements anglais et français s'étaient mis d'accord pour charger le Général Foch de « coordonner l'action des armées anglaises et françaises sur le front occidental[1]. »

La bataille devant Amiens se termine. Le front retrouve une espèce de tranquillité secouée de

[1]. On a écrit bien des romans sur cette réunion de Doullens. On a écrit que M. Clemenceau s'était fait forcer la main par les Anglais pour instituer le commandement unique : ce qui est peut-être méconnaître un peu la mentalité de nos alliés. En fait, M. Clemenceau préparait la chose depuis qu'il avait pris le pouvoir.

On a écrit que M. Clemenceau aurait voulu que l'autorité suprême de Foch fût limitée aux opérations devant Amiens : cela parce que M. Clemenceau a tenu à ménager la susceptibilité anglaise.

On a écrit que M. Clemenceau aurait voulu pour lui-même le commandement de toutes les armées alliées. A quoi M. Clemenceau répondait :

— Je m'étais même fait faire un uniforme... J'avais un képi épatant !

2

canonnades. Des semaines d'attente se passent et soudain : la ruée sur Château-Thierry.

Dans la nuit du 26 au 27 mai « les Allemands déclenchent un très violent bombardement sur toute la région comprise entre la forêt de Pinon et Reims ». Au matin du 27, l'attaque se produit. « Les troupes franco-britanniques, dit le communiqué de 14 heures, résistent avec leur vaillance habituelle à la poussée allemande ; la bataille est en cours. »

Rien à craindre. Foch est là.

Le communiqué de 23 heures note : « La bataille a continué toute la journée avec une extrême violence sur un front de plus de 40 kilomètres, depuis la région de Vauxaillon jusqu'aux abords de Brimont... Certains des éléments ennemis ont atteint la vallée de l'Aisne, dans la région de Pont-Arcy... » Et ces mots : « Les troupes franco-britanniques se replient méthodiquement... »

Reprenez vos cartes, — ces cartes qui ont déjà servi, deux mois plus tôt, pour la trouée du front anglais et qu'on a tant de fois regardées avec des yeux désorbités. Voyez le front avant l'attaque : Noyon-Reims. Entre ces deux points : Pinon. Traversant de l'est à l'ouest cette ligne sud-est nord-ouest : le cours de l'Aisne et à 10 kilomètres plus au sud : la Marne. Sur la Marne et à 35 kilomètres de Meaux : Château-Thierry.

Château-Thierry est à 80 kilomètres de Paris.

Regardez le chemin que les Boches vont faire...

28 mai :

Communiqué de 14 heures : « Les Allemands

ont franchi l'Aisne entre Vailly et Berry-au-Bac. Les troupes franco-britanniques faisant face à un ennemi très supérieur en nombre ont continué à se replier méthodiquement. »

Communiqué de 23 heures : « La bataille se déroule avec une violence soutenue sur la ligne de la Vesle que les Allemands ont réussi à franchir ce matin... »

29 mai :

14 heures : « La poussée allemande s'est accentuée... Nos troupes se sont repliées lentement au sud et au nord-est des hauteurs de Saint-Thierry. Elles tiennent entre la Vesle et le canal de l'Aisne. »

23 heures : « Soissons est évacué... Nous avons cédé du terrain au nord de Fère-en-Tardenois. »

30 mai :

Les Allemands s'emparent de Fère-en-Tardenois et de Vézilly.

31 mai :

Des éléments allemands atteignent la rive nord de la Marne...

En cinq jours ils ont franchi l'Aisne, la Vesle, abattu quarante-cinq kilomètres... Les voici accrochés sur la Marne... Et on commence à penser : Mais Foch ? Où est Foch ? Que fait-il ? A quoi sert l'appareil énorme du commandement unique ?

Et le 1er juin l'ennemi pousse « ses éléments avancés » jusqu'aux lisières de Château-Thierry. Au nord-ouest de Château-Thierry il s'empare de Neuilly-Saint-Front... Cela a pris la forme d'un symbole : c'est l'épée qui chaque jour s'enfonce un peu plus dans la chair de la France, — en direction du cœur : Paris. Et le communiqué de 23 heures de ce même 1er juin dit : « Les forces ennemies encore supérieures en nombre... »

A Paris, c'est le grand branle-bas. Les gares regorgent de gens qui se sentent pris d'un intérêt subit pour les rives ensoleillées de la Méditerranée. La Chambre est nerveuse, atterrée... De nouveau, comme il y a deux mois, je vois défiler au Ministère ces hommes et ces femmes qui « veulent savoir », qui sentent « qu'on leur cache quelque chose », qui, la nuit précédente, « ont entendu le canon » :

— Dites ! Alors ? Foch a été surpris ? Hein ?

— Mais non... Mais non... Mais il faut le temps...

— Le temps ? Mais regardez la carte ! Ils sont à vingt lieues de Paris !

Le 4, il y a séance à la Chambre... Qui interpellera-t-on ? Foch. — Les Assemblées veulent toujours des têtes... C'est si simple ! Foch est une grande idée qui a déçu. On attendait de lui la Victoire : les Boches sont à Château-Thierry. Il n'y a rien dans cette bataille — subie par nous du commencement à la fin — qui montre le génie de Foch. Il a jeté des hommes pour boucher les trous tant bien que mal : c'est ce qu'on fait depuis quatre ans.

Un député a crié : « Donnez-nous les indications que nous attendons... »

Or, M. Clemenceau monte à la tribune : « Aucun fait ne s'est produit — d'après la brève et décisive enquête que j'ai menée — qui permette d'exercer une sanction quelconque contre qui que ce soit. S'il faut, pour obtenir l'approbation de certaines gens qui jugent hâtivement, abandoner des chefs qui ont bien mérité de la patrie, c'est une lâcheté dont je suis incapable : n'attendez pas de moi que je la commette... Nos grands soldats ont de bons chefs, de grands chefs, des chefs dignes d'eux en tous points. »

Des interruptions partent.

M. Clemenceau : « Je répète, je répéterai aussi longtemps qu'il le faudra, parce que c'est mon devoir de le faire, que ces bons soldats ont de bons chefs... Ces deux grands soldats qui s'appellent Foch et Pétain... Le Général Foch jouit de la confiance unanime des Alliés... » Et l'image, — l'image humaine et saisissante qui fait la grande force persuasive de ses discours : « C'est nous, pour une faute qui se sera ou ne se sera pas produite, qui allons demander des explications à un homme dont la tête, comme je l'ai vu, retombe parfois accablée de fatigue sur sa table surchargée de cartes? Cela je m'y refuse ! Chassez-moi de la tribune si c'est cela que vous demandez ! »

Les applaudissements éclatent. Foch est sauvé.

Quatre mois plus tard, l'occasion devait s'offrir au Maréchal Foch de remercier M. Clemenceau. Le 5 octobre, M. Lloyd George lui avait envoyé ses « sincères félicitations » pour son anniversaire.

Le Maréchal Foch lui répondit : « Je suis très touché... etc. *Je n'oublie pas que c'est à votre insistance que je dois le poste que j'occupe actuellement.* »

III

CLAUDE MONET

23 mai 1928.

Hier, Piétri m'a téléphoné : « Cogné[1] est à Paris. Nous irons voir son buste avec le Président. »

J'arrive rue Franklin. Je trouve M. Clemenceau et Piétri.

M. CLEMENCEAU

Alors il paraît que nous allons chez un sculpteur qui s'appelle Cogné...

MOI

Bien. Nous allons.

M. CLEMENCEAU

J'ai quelque chose à vous annoncer, Martet.

---

1. Cogné est le sculpteur des grands hommes. Du Pape à M. Pierre Laval — en passant par MM. Caillaux, Barthou, etc. — il les a tous bustifiés. J'ai fait sa connaissance par Bernier et suis allé déjà dans son atelier de la rue de Villersexel voir le buste qu'il a fait de M. Clemenceau *sans avoir jamais aperçu le modèle.*

Je voulais vous donner des lettres de Poincaré qu'il serait, peut-être intéressant pour vous de consulter plus tard ; or, je ne puis les avoir tout de suite : elles sont à la campagne...

MOI

Loin d'ici ?

M. CLEMENCEAU

Assez loin.

MOI

Êtes-vous sûr de la personne qui a les lettres en dépôt ?

M. CLEMENCEAU

Très.

MOI

Alors ça n'a aucune importance. Elles sont aussi bien là qu'ailleurs. Je les verrai plus tard. Tout ce que je vous demande — pour le cas où un accident viendrait à se produire — c'est de prier cette personne de ne point me refuser la communication des lettres.

M. CLEMENCEAU

Entendu. (*Montrant Piétri.*) D'ailleurs, il y a ici un homme qui pourra vous servir de témoin.

MOI

Bon.

M. CLEMENCEAU

Donc ceci est réglé. (*Voyant que je sors des papiers de ma serviette.*) Qu'est-ce que c'est que ça ?

MOI

Des papiers qu'il vaut mieux que je ne garde pas chez moi et que je vous rends.

M. CLEMENCEAU

Mettez ça là. Moi aussi j'ai des papiers à vous remettre. Nous échangeons des papiers comme ça depuis quelque temps ; nous avons un peu l'air idiots. (*Il me tend une liasse de paperasses.*) Regardez donc ça.

MOI, *lisant.*

Une note dactylographiée sur vos histoires avec Foch. Je vois un mot corrigé à la plume et dans cette correction je crois reconnaître l'écriture de Mordacq.

M. CLEMENCEAU

Bien. Donnez.

MOI

Des papiers sur le Général Leblois.

M. CLEMENCEAU

Ah ! oui. C'était un brave homme... Qu'est-ce qu'il veut ?

MOI

Il vous envoie une note confidentielle sur la demande qu'il a faite pour obtenir communication des motifs de la décision qui l'a relevé du commandement de la 2ᵉ division coloniale, qu'il exerçait depuis le début de la guerre.

M. CLEMENCEAU

Eh bien ! Qu'est-ce qu'il veut que j'y fasse ?

MOI

Le 11 janvier, le Général Langle de Cary lui avait remis la cravate ; le 22 janvier, Joffre l'a relevé de son commandement. Et il n'y comprend rien.

M. CLEMENCEAU

Eh bien ! moi non plus. Et je m'en moque.

Pendant que je vous tiens, un mot. Piétri m'a dit l'avis que vous avez émis sur le bouquin que je suis en train d'écrire...

MOI

Sur quel bouquin ?

M. CLEMENCEAU

Je n'en écris qu'un. Je n'ai qu'une main droite.

MOI

Le bouquin sur Monet ? Je n'ai pas d'avis. Je ne l'ai pas lu.

M. CLEMENCEAU

Oui. Mais enfin il paraît que vous trouvez ça un peu... léger de ma part d'écrire un bouquin sur Monet et qu'après avoir écrit « *Au Soir de la Pensée* » je ne devrais pas me mettre à parler de peinture.

MOI

Je trouve que c'est un peu à côté. Et je ne voudrais pas qu'on pût croire que votre silence cache des préoccupations secondaires.

M. CLEMENCEAU

Eh bien ! vous comprenez, il se passe ceci : j'écris ce bouquin-là précisément parce que c'est différent du *Soir de la Pensée*. Si j'écrivais dans la même note, je me répéterais. Qu'est-ce que vous voulez que je dise ? Mon travail sur les Dettes est fini... Je n'ai plus qu'à le revoir et en supprimer certaines choses : le cadre est trop grand, ça ferait un bouquin ; ce qu'il ne faut pas. Je le publierai en novembre, après les élections. Avec Monet, je fais autre chose, — et autre chose qui complète tout de même *Au Soir de la Pensée.* J'y traite d'une question dont je n'ai pas encore parlé et dont il faut tout de même que je parle : l'émotivité du monde. L'émotivité du monde se manifeste par la religion ou par l'art. Eh bien ! je prends l'art. Je mets une page pour rattacher ça au reste.

« Monet, de tous les hommes que j'ai connus, est peut-être celui qui m'ouvre, à moi, le plus d'aperçus de toutes sortes. Le voilà, n'est-ce pas : il est devant la lumière ; il prend cette lumière, — il la brise, il la résout. Scientifiquement, il n'y a rien de plus intéressant. Un jour, je lui disais : « Monet, nous autres idiots, devant un pré, un ciel, nous pensons : ça, c'est un pré, ça, c'est un ciel... Vous, non. Ces mots de *pré*, de *ciel*, n'ont pas de sens pour vous. Et ça doit être pour vous une espèce d'affolement et de hantise, car, partout où se porte votre regard, vous devez vous demander, non pas : « Qu'est-ce que c'est que ça ? » ni même : « Quelle est la couleur de ça ? » mais : « De quoi sont com- posées ces taches ? » Vous devez avoir le cer- veau rongé par ça. » Il me répond : « Vous ne pouvez pas savoir à quel point ce que vous venez de dire là est juste. Un jour, j'étais au chevet d'une morte, d'une femme que j'avais... enfin bien aimée... que j'aimais encore bien. Je regardais sa tempe. Je me disais : Il y a là une espèce de violet... Qu'est-ce qu'il y entre de bleu ? de rouge ? de jaune ? »

« Voilà. Vous voyez l'existence de Monet. Je raconterai quelques histoires pour montrer quel homme fier et courageux il était. Celle-ci, par exemple : Monet en ce temps-là vendait ses toiles cinquante francs. Un jour, à Vétheuil, il avait peint le lever du jour, avec le soleil, vous savez ? qui commence à faire vivre les nuages... Il va porter ça à un marchand de tableaux, qui regarde la toile, et qui lui dit : « Vous comprenez, ce que j'achète, c'est de la peinture. Ça, je ne sais pas comment vous avez fait votre compte, c'est de la toile, il y a des tas d'endroits qui ne sont même pas recouverts. Mettez de la peinture. Alors je vous l'achèterai cinquante francs, sans discussion. » Monet ne dit rien, — il n'y avait rien à dire, — remporte sa toile. Cinq ou six ans se passent. Un matin, le marchand de tableaux revient chez Monet, aperçoit sur un chevalet la toile de Vétheuil ; il dit à Monet : « Tiens ! c'est gentil, cette machine-là. Je vous en offre six cents francs. » — « Mais, dit Monet, vous ne vous rappelez donc pas ? Vous me l'avez refusée dans le temps, pour cette raison qu'il n'y avait pas assez de couleur dessus... Eh bien ! aujourd'hui il faut vous mettre dans l'idée que vous m'en offririez cinquante mille francs, j'aimerais mieux crever que de vous la donner ! »

« C'était un chic bonhomme, qui n'était jamais content de lui, et qui savait pourtant ce qu'il valait, — il trouvait le moyen de concilier ces deux choses-là. Je l'ai connu dans les mauvaises heures, dans les bonnes. Je lui dois d'écrire ce livre. N'est-ce pas votre avis ?

MOI

Eh ! bien sûr que si, Monsieur ! Mais...

M. CLEMENCEAU

Partez de ce principe que dans une chose il y a toujours des *mais*. Toute la question est de savoir s'il y a plus de *mais* à faire cette chose-là qu'à ne la faire point. Vous voulez m'être agréable ? Dites-moi qu'il y a moins de *mais* à écrire Monet qu'à ne pas l'écrire... Ce pauvre Monet !

MOI

Je vous le dis, Monsieur.

M. CLEMENCEAU

Vous êtes gentil. Et puis il s'est passé, cette nuit, un événement, Martet, — un événement considérable !

MOI

Ah ? Quoi donc ?

M. CLEMENCEAU

Je me suis réveillé avec envie de travailler. Ça ne m'était pas arrivé depuis des mois, depuis *Au Soir de la Pensée*.

MOI

Monet a dû passer les derniers temps de sa vie dans le désespoir...

> *Je veux dire : son génie s'est exaspéré ; plus il devenait maître de son art et plus il s'assignait des buts lointains et inaccessibles.*
>
> *M. Clemenceau croit que je veux parler de la cataracte dont Monet était atteint.*

M. CLEMENCEAU

Pas du tout ! Malgré sa cataracte (il avait une

frousse terrible de la douleur physique ; il avait subi une première petite opération, mais la grande intervention, à laquelle il aurait dû se prêter, — et j'ai fait tout ce que j'ai pu pour qu'il s'y prêtât, — il en a eu peur...) malgré sa cataracte il y voyait assez pour peindre et même pour améliorer ses toiles. Ses nymphéas, vous vous rappelez ? Je l'avais décidé à les donner à l'État. Il m'avait dit : « Oui. Je les donne. » Après quoi, il m'a dit : « Je les donne, c'est entendu. Mais je ne veux pas qu'on les emporte. On les prendra après ma mort. » Je n'étais pas rassuré du tout. J'avais peur qu'il ne les gâchât. J'avais vu chez lui des toiles avec des nuages, qu'il avait manifestement gâtés, alourdis... Et je le lui avais dit. « Je ne suis pas très tranquille... » Il n'avait rien répondu. Un jour, je vais à Giverny. Il m'emmène dans son atelier, il me montre ses toiles : « Comment les trouvez-vous ? » Cent fois mieux ! Tout ça s'était allégé, éthéré...

« Une chose de lui qui est admirable, c'est son portrait par lui-même, que j'ai donné au Louvre. Vous le connaissez ? C'est son triomphe. Vous savez : il avait l'habitude de s'installer près de sa petite rivière, de rester assis, là, pendant des heures, à regarder l'eau, les nuages dans l'eau, les fleurs... Il rentrait après ça dans son atelier et, en une heure de temps, il couvrait une de ses grandes toiles. Eh bien ! son portrait, c'est lui, le jour où il a pris la décision de s'attaquer à sa grande frise de nymphéas. Il a les yeux mi-clos, il voit ses toiles, tout ce qui va se passer, sa joie et sa peine. Il avait l'habitude de démolir ses tableaux, de les crever à coups de pied, à coups de couteau. J'ai pu sauver celui-là. C'est une chance.

« Voilà ce que j'ai envie de raconter, ce combat — ce combat qui s'est terminé à la fois par une victoire, parce qu'il laisse derrière lui une œuvre énorme, avec des choses splendides, et par une défaite, parce que dans ce domaine-là, il n'y a pas d'issue. Et puis, je ne suis pas fâché, entre nous, de donner une leçon aux critiques d'art, qui sont des numéros bien tordants. Et puis, si je ne parlais pas de ça, de quoi faudrait-il que je parlasse ? De la politique ?

MOI

Vous avez tout à fait raison. Quoique, à vrai dire, ce ne soit pas les sujets qui manquent... Vous avez vu le triomphe — comme disent les journaux — des partis de gauche en Allemagne et, parallèlement, l'explosion, à Hambourg, de ce réservoir de gaz jaune ?

M. CLEMENCEAU

Oui. Ça montre bien que, désormais, nous pouvons dormir tranquilles. Il paraît que la Société des Nations va s'occuper de cet « incident ». Alors, ça va. Il n'y a plus qu'à attendre les sanctions. Martet, quel drôle de pays que notre pays ! Pour en revenir à Monet, quand mon bouquin sera fini, je vous le montrerai. Vous me direz ce que vous en pensez. Je suivrai votre avis. Allons chez Cogné.

Nous sortons et montons en voiture.

IV

M. CLEMENCEAU CHEZ SON SCULPTEUR

Dans la Citroën.
C'est un petit coupé tendu de
drap gris perle à l'intérieur.
Brabant est au volant et manie
rudement ce petit bijou.

MOI

Mais vous avez une voiture admirable ! C'est
votre vieille Citroën que vous avez fait remettre
à neuf ?

M. CLEMENCEAU

Je vais vous dire ce qui s'est passé. Je suis
allé chez Citroën. Je lui ai donné ma vieille
voiture et je lui ai dit : « Il m'en faut une
neuve. » Il m'a répondu : « Voilà. Mais un
homme qui a fait pour le pays ce que vous
avez fait n'est pas un client comme les autres ;
il m'est impossible de lui faire payer un sou. » Je
l'ai regardé. Je me suis demandé s'il ne se fi-

chait pas de moi. Depuis quelques années j'ai perdu l'habitude de m'entendre dire ces choses-là... Je lui ai déclaré : « Eh bien ! ça me paraît une assez bonne combinaison. J'accepte votre cadeau. Mais voici dix mille francs que vous serez bien aimable d'offrir de ma part à vos ouvriers. »

PIÉTRI

Vous oubliez de dire que vous lui avez rendu votre vieille voiture. Citroën n'a d'ailleurs pas voulu la remettre en vente.

M. CLEMENCEAU

Oui. Il la garde en souvenir. C'est un juif. Mais un bon juif. Il y a de bons juifs.

MOI

Ils n'ont pas tous crucifié Jésus-Christ.

M. CLEMENCEAU

Oh ! tout le monde a plus ou moins crucifié Jésus-Christ. On le crucifie encore tous les jours.

MOI, *examinant les accessoires.*

Et je vois qu'il y a tout un nécessaire, et d'un suave ! pour mettre la boîte à poudre, le bâton de rouge...

M. CLEMENCEAU

Parfaitement. J'ai même dit à Citroën : « C'est dommage que vous ne puissiez pas par-dessus le marché me fournir la petite femme qui serait susceptible de se servir de ça. » Il m'a répondu : « Taisez-vous ! J'en ai deux mille ! »

PIÉTRI

Ce marché-là me rappelle un peu celui que vous avez fait un jour, à Djéipour...

M. CLEMENCEAU

Ah ! oui. Un jour, aux Indes, dans une ville qui s'appelle Djeipour, j'aperçois chez un marchand une statuette qui représentait un dieu et une déesse en train de faire l'amour, sauf votre respect. Je dis au marchand : « Elle me plaît, votre statuette. Combien ? » Il me répond : « Parce que c'est vous, 75 roupies. » Je lui dis : « Parce que c'est moi, je vous en offre 45 roupies. » Il lève les bras au ciel : « 45 roupies ! Vous vous moquez de moi ! Mais si on venait à apprendre ça ! Mais les gens croiraient... etc. » Je lui dis : « 45 roupies. » Alors il a eu un beau mouvement d'indignation : « Tenez ! J'aime mieux vous la donner ! » — « Entendu ! » J'étends la main, je prends la statuette, je la fourre dans ma poche, et je lui dis : « Vous êtes mille fois aimable et je vous remercie. Mais il est bien évident que ce cadeau ne peut venir que d'un ami à un ami... » — « Oui, oui. » — « Par conséquent vous ne pouvez pas trouver mauvais que moi à mon tour je vous fasse un cadeau. » — « Naturellement. » — Eh bien ! voici 45 roupies pour vos bonnes œuvres. » Il a pris les 45 roupies et nous nous sommes quittés ravis l'un de l'autre.

MOI

Et que disait Turpault pendant ce temps-là [1] ?

M. CLEMENCEAU

Turpault ? Il ne disait pas grand chose. Ses jugements étaient assez sommaires. Il a dû quit-

---

1. M. Clemenceau était parti pour les Indes avec Piétri et un industriel de Cholet nommé Turpault.

ter ce monde sans avoir bien pu démêler ce que ça voulait dire. Il est vrai qu'il a toute l'éternité pour y réfléchir.

MOI

Où donc l'aviez-vous connu ?

M. CLEMENCEAU

Dans une ville qui s'appelle Montaigu[1]. Je partais pour les Indes. Piétri venait de découvrir qu'il ne pourrait pas m'accompagner. Turpault, qui était là, avec des gens, dit : « Mais moi je partirais bien ! » Je me renseigne. On me dit que c'est un homme convenable qui fabrique de la toile et qu'il a été le premier à souscrire pour le monument de Sainte-Hermine[2]. Alors je réponds à Turpault : « Eh bien ! venez. »

PIÉTRI

Quelque temps après j'ai pu m'arranger pour partir. J'ai dit à M. Clemenceau : « N'emmenez pas Turpault ! Qu'est-ce que nous en ferons ? » M. Clemenceau m'a répondu : « Ça lui ferait de la peine ! » On l'a emmené, — et il a été lourd à porter, l'animal !

M. CLEMENCEAU

Où j'ai commencé à pénétrer Turpault, c'est à bord du bateau, lorsqu'il est venu s'asseoir à moitié nu à la table du commandant.

PIÉTRI

Il n'avait pas de col. Il avait ouvert sa chemise... comme ça... comme font les jeunes gens, sur les plages. Il n'était pas rasé.

1. En Vendée.
2. La statue de M. Clemenceau par Sicard.

M. CLEMENCEAU

Très cordialement je lui en ai fait l'observation. Il m'a dit : « Vous croyez ? Eh bien ! demain je m'arrangerai autrement. » — « Ah ! lui ai-je dit, non moins cordialement, non, cher ami. Ça n'est pas demain. C'est tout de suite. »

PIÉTRI

Un jour, aux Indes, dans je ne sais quelle ville, en descendant le grand escalier d'honneur d'un palais, il n'a rien trouvé de mieux que de s'accrocher au bras d'un grand diable d'Anglais, qu'il n'avait jamais vu. D'un air de dire : « Voilà. Nous sommes copains. »

M. CLEMENCEAU

Je me suis vengé. Je lui ai fait acheter un bibelot vingt fois le prix que ça valait. Le marchand m'a cru fou. Turpault voulait un coffret pour l'offrir à sa femme. On va chez un marchand. Je lui demande : « Avez-vous un coffret ? » Il m'en montre un ou deux. Je dis : « Combien ? » Il me répond : « 400 roupies. » Je dis : « Non. Monsieur est un homme qui aime les belles choses et qui a de l'argent. Il faut quelque chose de tout à fait bien. » Alors le marchand revient avec un de ces coffrets... si vous aviez vu ça ! « Combien ? » — « 800 roupies. » — « Je le prends ! » Ça ne valait pas trois francs. C'était l'horreur de l'horreur. De temps en temps Turpault regardait son coffret et il avait des doutes. Il me demandait : « Je ne l'ai pas payé un peu cher ? » Je lui répondais : « Êtes-vous fou ! C'est une chose admirable ! »

MOI

Et le pauvre Turpault en est mort[1].

M. CLEMENCEAU

Dieu l'a rappelé à lui. Il a trouvé l'utilisation de Turpault dans une autre planète. Ça ne doit pas être commode.

> *Nous arrivons dans cette petite rue morne et grise qui s'appelle la rue de Villersexel. Cogné a son atelier au 9. Nous traversons la cour. Le praticien de Cogné vient nous ouvrir la porte. Cogné s'avance, s'incline : « Monsieur le Président... » C'est un petit homme tout rond et excessivement correct : rosette, lunettes.*

COGNÉ

Très honoré de la visite que vous voulez bien me faire, Monsieur le Président.

M. CLEMENCEAU

Voyons voir mon buste...

> *Nous entrons dans l'atelier, lequel est plein de bustes : voici M. Caillaux, M. Laval, M. Barthou. Voici M. Maurice Rostand et voici le Pape.*
> *Le buste de M. Clemenceau s'érige au milieu de l'atelier sur une haute sellette. M. Clemenceau va droit à ce buste, le regarde... le regarde, sourcils*

1. Aux Indes, M. Clemenceau et Turpault tombèrent très malades. M. Clemenceau seul en réchappa.

froncés, tourne autour, hoche la tête, — sans un mot. Cogné attend. Piétri et moi nous attendons. Cela dure longtemps, peut-être une minute, — et je commence à souhaiter d'être ailleurs.

M. CLEMENCEAU, *enfin.*

Oui... (*Nouveau silence. Nouveaux hochements de tête.*) Oui... (*Même jeu.*) Oui... (*Même jeu, — et tout de même :*) Il y a quelque chose.

COGNÉ

Ah ! Monsieur le Président, maintenant que je vous vois, je m'aperçois que c'est très imparfait. Quel dommage que je ne vous aie pas vu... avant !

M. CLEMENCEAU

Oui.

COGNÉ

Pour les yeux, par exemple, je vois que vous les avez beaucoup moins enfoncés, beaucoup plus à fleur de peau. Mais j'ai fait ça d'après des photos. Les ombres m'ont trompé.

M. CLEMENCEAU

Et il y a aussi... là, voyez-vous... l'écartement des pommettes... ça n'est peut-être pas tout à fait ça... Il y a du Kalmouck en moi...

COGNÉ

Il y a du Kalmouck, ça n'est pas douteux, Monsieur le Président.

M. CLEMENCEAU

Et tenez... là aussi... la mâchoire... La mâchoire est plus...

COGNÉ

Et les oreilles... Les oreilles sont un peu moins...

M. CLEMENCEAU

C'est exact ! Les oreilles sont beaucoup moins...

COGNÉ

Oh ! Monsieur le Président, je vous vois, maintenant ! Ça y est ! Je vous vois ! Si j'osais, Monsieur le Président, je vous demanderais de vouloir bien...

M. CLEMENCEAU

Hein ?

COGNÉ

Je ne voudrais pas abuser...

M. CLEMENCEAU

Allez !

COGNÉ

Si vous aviez pu m'autoriser à prendre quelques photos ?

M. CLEMENCEAU

Bien. — Prenez !

> *Il s'assied sur une chaise. Cogné, en cinq secondes, a disposé un phare dont la lumière éclaire le visage de M. Clemenceau, brandi un appareil stéréoscopique et va appuyer sur le déclic, quand M. Clemenceau, qui avait gardé son chapeau, se découvre.*

COGNÉ

Ah ! merci, Monsieur le Président ! Je n'osais pas vous le demander.

Et clic ! clic ! et reclic ! M. Clemenceau est stéréoscopé de face, de profil, de droite, de gauche. Cogné va, vient, vise, appuie, — clic !

Quand la cérémonie est terminée :

COGNÉ

Voilà, Monsieur le Président. J'ai fini.

M. CLEMENCEAU

Ça y est ? Je n'ai pas trop souffert.

COGNÉ

Et si j'osais encore, Monsieur le Président... ce sera la dernière fois ! je vous laisserai tranquille après... Je vous demanderais, Monsieur le Président, de me laisser prendre quelques mesures...

M. CLEMENCEAU

Prenez !

Cogné s'est emparé d'un énorme compas, mesure, mensure le fameux « écartement des pommettes », l'écartement des oreilles, la hauteur du nez, etc.

M. CLEMENCEAU, *montrant l'écartement du nez, au menton.*

Et ça ?

COGNÉ

Ah ! c'est juste ! N'oublions pas ça !

Il prend cette dernière mesure,

s'incline en ouvrant les bras :
Ça y est !

M. CLEMENCEAU

Parfait !

COGNÉ

Avec ça, Monsieur le Président, je vais vous refaire un buste qui sera d'une vérité... d'une ressemblance absolue ! Je crois que je vous tiens, maintenant, Monsieur le Président !

M. CLEMENCEAU

Je n'en doute pas.

COGNÉ

Vous connaissez Laval, Monsieur le Président ?

M. CLEMENCEAU

Laval ?

COGNÉ

Oui, le député... le sénateur... celui qui a été ministre... Voici son buste.

M. CLEMENCEAU, *regardant le buste.*

Oui, oui. C'est bien Laval. (*Montrant le buste du Pape.*) Et ça, qu'est-ce que c'est ?

COGNÉ

C'est le Saint-Père, Monsieur le Président.

M. CLEMENCEAU

Celui qui règne maintenant ?

COGNÉ

Celui qui règne... Et M. Barthou, Monsieur le Président. (*Montrant le buste de M. Barthou : barbe, lorgnon, sourire.*) Vous le reconnaissez ?

M. CLEMENCEAU

Je le reconnais. (*Il sourit à ce sourire.*) Barthou ! (*Montrant la maquette d'un maréchal de France à cheval, qui tient, d'un geste noble, le bâton sur la cuisse.*) Pourquoi ne me faites-vous pas comme ça ?

Et nous partons.

Cogné me téléphone l'après-midi.

COGNÉ

Quelle est l'impression du Président ?

MOI

Enchanté. Sûrement enchanté. Mais c'est un homme qu'il faut connaître : il n'est pas démonstratif... D'ailleurs, avec les photos que vous avez prises de lui ce matin...

COGNÉ

Il n'y a qu'un malheur : mon appareil n'a pas fonctionné !

V

A TRAVERS LES TEMPS ET LES ARTS

1er juin 1928.

Albert me fait entrer dans le cabinet de travail. J'attends, longtemps. Peut-être dix minutes. Je me distrais comme je peux. Je regarde les livres de la bibliothèque, — livres de sociologie, de géographie, de philosophie.

Des photographies sur la table : ce sont les toiles de Monet, Vétheuil, les femmes à l'ombrelle, etc.

Entre enfin M. Clemenceau.

M. CLEMENCEAU

Ah ! Monsieur Martet. Excusez-moi de vous avoir fait attendre. J'étais avec mon valet de chambre en train de faire mes comptes. Mais vous savez qu'il y a quelque chose d'effrayant : tout a doublé !

MOI

Je sais. Je sais ce que je paie mon loyer.

M. CLEMENCEAU

Mais alors, écoutez ! comment voulez-vous faire ? Il n'y a plus moyen...

MOI

Je crois que le mieux est d'en prendre son parti.

M. CLEMENCEAU

C'est très gentil. Mais il faut tout de même payer. Et payer ! payer ! ça a des limites ! On ne fait donc rien pour combattre ça ? Je croyais qu'on avait constitué des commissions contre la vie chère ? Et vous ? et tout le monde ? Ça ne vous ennuie pas d'être étranglés ?

MOI

Qu'est-ce que vous voulez faire ?

M. CLEMENCEAU

Prendre une douzaine d'individus et les pendre !

MOI

Ah ! si ça devait faire baisser le prix du chou-fleur...

M. CLEMENCEAU

N'en doutez pas ! Dans les vingt-quatre heures ! Mais au lieu de faire ça, les gens... je sais ce qu'ils font... Ils voient que la vie a doublé... Alors ils doublent leurs revenus. On les vole... Ils se font voleurs.

MOI

Je n'ai même pas cette ressource-là...

M. CLEMENCEAU

Alors vous êtes impardonnable. De mon temps il n'en fallait pas plus pour descendre dans la rue. (*Il s'assied.*) Asseyez-vous, Monsieur

Martet. (*Je m'assieds. Je le regarde. Il me regarde.*) Je suis embêté.

MOI

Ah ! Qu'est-ce qu'il y a ?

M. CLEMENCEAU

Je tousse. Depuis deux jours je tousse comme un cheval. Et je suis fatigué. Et j'en ai assez. Tous ces gens qui passent et repassent, je les vois passer et repasser depuis quatre-vingts ans ! Ça n'est pas juste ! Poincaré... Y a-t-il quelque chose qui ressemble plus à Poincaré que Poincaré ! (*Il bâille.*) Ah ! (*Un temps.*) Dites-moi, il faut que vous me rendiez la note que j'ai écrite sur mes rapports avec Foch. J'ai besoin de revoir ça. Je l'ai écrit vite. Il y a très probablement des choses à changer.

MOI

Je vous la rapporterai. Je ne l'ai pas encore lue. Je suis en train de classer vos papiers sur la Commune.

M. CLEMENCEAU

Vous trouvez des choses, là-dedans ?

MOI

Des choses très intéressantes.

M. CLEMENCEAU

Quelle folie ! C'est une des folies les plus folles de l'Histoire ! On n'a jamais su ce que c'était que la Commune... Ces gens ont tué, flanqué le feu, se sont fait tuer, avec, quelquefois, une grandeur ! et ils n'ont jamais su pourquoi... Vous êtes allé vous promener pour la Pentecôte ?

MOI

Oui. Je suis allé jusqu'à l'embouchure de la Loire. J'ai découvert un pays qui s'appelle la Brière et qui est splendide. Des marais, à perte de vue, avec des grenouilles.

M. CLEMENCEAU

Connais pas. Moi, je suis allé, l'autre jour, à Giverny.

MOI

Vous travaillez à votre livre sur Monet?

M. CLEMENCEAU

Je bricole. Vous comprenez, Monet, — je crois que je peux en tirer pas mal de choses. Je l'ai eu au bout du fil pendant quarante ans. Monet a pris la vie comme on se bat. Je me rappelle le jour où je l'ai vu dans son champ de pavots, avec quatre toiles qu'il avait installées là, devant lui. Il allait de l'une à l'autre, selon le soleil... Eh bien ! voilà, n'est-ce pas ? C'est ce qui est beau, dans Monet, c'est ce sérieux, cette tension. Il y a deux portraits de Monet par lui-même : celui que j'ai donné au Louvre, et celui qui était à Giverny... Sur ce dernier portrait, il est comme ça, avec un regard qui perce, — quelque chose de cruel, de sauvage. Il est en train de regarder ses meules. — Voilà Monet. Il s'est jeté là-dedans comme un malheureux.

« Je n'aime pas tout ce qu'a fait Monet. Il a fait des choses médiocres... Ses cathédrales de Rouen... C'est tout ce que vous voulez, sauf de la pierre [1].

(r. Il fut un temps pourtant où M. Clemenceau aimait les cathédrales de Monet. « *Je vois surgir,* dit-il quelque part, *le*

MOI

Il n'a pas voulu les reconstituer architecturalement. Il a seulement cherché les jeux de la lumière et de l'ombre.

M. CLEMENCEAU

Enfin c'est mauvais. Ses vues de Venise sont mauvaises. La lumière est triste. J'ai vu Venise. Je sais ce que c'est. Je sais ce que c'est que ce soleil, cette eau... C'est fou ! Mais vous avez ses meules, — qui sont un prodige. Et ses nymphéas. Devant les nymphéas, il faut tirer son chapeau.

MOI

Mais ne trouvez-vous pas curieux qu'il se soit borné comme ça et qu'il n'ait jamais essayé d'aller jusqu'à l'âme ?

M. CLEMENCEAU

Jusqu'à quoi ?

MOI

Jusqu'à l'âme. Il ne s'est jamais attaqué à l'expression humaine...

M. CLEMENCEAU

Ne prenez donc pas ça au sérieux, l'âme, Martet. Vous croyez qu'il y a de l'âme dans les hommes ? Vous croyez qu'il y a plus d'âme dans Gustave Hervé que dans une touffe d'herbe ? Non, il n'a pas cherché ça... quoique, tout de même, ses deux portraits... ce jour-là, ces deux jours-là, il y est allé, jusqu'à l'âme. Mais comme vous dites, il s'est borné. Vous lui en voulez ? Pas moi. C'est une des formes du courage et de la

monolithe dans son unité puissante, dans son autorité souveraine... Fleur de pierre, vibrante, inondée de lumière... »

puissance. Le premier devoir est de se connaître et de se limiter son terrain d'action. Il a pris la lumière. C'est pas mal.

MOI

Qu'est-ce que vous alliez faire à Giverny, dimanche ?

M. CLEMENCEAU

Je voulais voir les études qu'il faisait quand il était au bord de l'eau à regarder ça. C'est très curieux. Ça n'a aucun rapport avec tout le reste. Il cherche l'effet. C'est brutal, violent, — souvent sombre. On m'a donné deux ou trois cents lettres adressées à Monet par Mirbeau, par Renoir et par moi, pendant toute sa vie. Je suis en train de regarder ça. Mirbeau, c'était... oui, c'était tout de même un homme. Il y a naturellement là-dedans beaucoup de pose. C'est le monsieur qui a adopté un ton et qui s'y maintient, bon gré, mal gré. On sent qu'il parlerait de la même façon, dans les mêmes termes, d'un saladier de fraises à la crème et de l'assassinat de toute une famille. Mais enfin c'est d'une inspiration qu'il faut louer. Vous aimez Mirbeau ?

MOI

Oui. Je considère que c'est un des plus grands écrivains de chez nous.

M. CLEMENCEAU

C'est mon avis. Drôle de bonhomme, assez fatigant, — mais une fameuse plume. Sa 628-*E* 8 est un truc prodigieux. Et puis du sang, du nerf, de la générosité... Les lettres de Renoir sont moins intéressantes. Je n'aime pas Renoir, ce dont Monet me blâmait.

MOI

Renoir et Monet ont tant de points de contact !

M. CLEMENCEAU

Pas dans le travail.

MOI

Non. Mais dans l'esprit.

M. CLEMENCEAU

Vous comprenez, je ne peux pas lui pardonner ça : il a fait de la femme une sorte de monstre. C'est à vous dégoûter à tout jamais de l'amour.

MOI

Vous êtes pour l'amour, Monsieur ?

M. CLEMENCEAU

Pas vous ? Vous êtes pour la génération spontatanée ? Vous avez vu les fesses qu'il fait à ces malheureuses ? Ça ne devrait pas être toléré. Où a-t-il vu des fesses comme ça ? Mais je me rends compte — si ça peut vous faire plaisir — que c'était quelqu'un. Il a cherché.

MOI

Et vos lettres à Monet ?

M. CLEMENCEAU

Je ne sais pas ce qu'il y a dedans. De l'amitié et des engueulades, probablement. C'est de ça qu'est faite ma vie. Je ne peux pas aimer quelqu'un sans l'engueuler. J'ai toujours eu pour Monet de la considération. D'abord, nous avons vécu l'un et l'autre sur deux plans, nous ne nous sommes jamais heurtés, jamais combattus. Il n'y a jamais eu entre nous aucune jalousie ni aucune rivalité. Et puis il a fait juste la peinture que j'aurais voulu faire si j'avais été peintre, — de la peinture entêtée, obstinée[1]. Il est bête de dire que le génie est une longue patience. Parce que d'abord, patience, ça ne veut rien dire... il faut plus que de la patience pour arriver à quelque chose, — il faut y aller carrément ! Et parce qu'ensuite il y a une forme de génie et qui est peut-être d'ailleurs la meilleure, la plus précieuse, où il n'entre pas pour une parcelle de patience. Mais il y en a une autre, qui est due à l'effort, à la pénétration farouche, et que pour ma part je respecte.

MOI

Qu'est-ce que vont devenir les toiles de Giverny ?

M. CLEMENCEAU

Il laisse tout à son fils Michel.

MOI

Eh bien ! et sa belle-fille, la femme de son fils Jean ?

M. CLEMENCEAU

Oui, eh bien ! sa belle-fille, il la laisse sans un sou !

MOI

Pas possible !

---

1. M. Clemenceau a écrit un jour en parlant des quais de la Seine : « *La grue poussive, qui fait grincer sa ferraille, décrit un large cercle dans l'air. La benne soudain bascule, et verse en étincelante pluie d'or le sable ocreux ou la fauve meulière. Les grands blocs de pierre de Bourgogne s'entassent en blanches murailles, les bois s'empilent en constructions rustiques, le rose éteint où l'ambre des briques pâles égaie la rive d'une caresse de couleurs.* »

C'est un Monet.

M. CLEMENCEAU

C'est comme ça ! Je vous l'ai dit : Monet était un peureux. Il avait peur de la douleur physique, peur de la mort... Cette opération que je voulais lui faire faire lui aurait permis d'aller jusqu'au bout de sa vision... Il a cané... Il n'a pas eu plus de courage devant le néant ; il ne voulait pas y penser. Alors il est mort sans avoir rien fait pour sa belle-fille.

MOI

Par exemple ! Elle lui a pourtant rendu de fameux services !

M. CLEMENCEAU

Elle a été admirable, tout simplement. Elle l'a soigné, dorloté... elle a veillé sur lui comme sur son enfant. Elle travaillait à ses toiles. Elle lui faisait ses fonds.

MOI

Je sais.

M. CLEMENCEAU

Eh bien ! voilà. Il la laisse à la discrétion de Michel. Ce qui m'a donc mis une affaire Michel sur les bras. J'ai dit à Michel : « Qu'est-ce que vous allez faire pour elle ? Il faut réparer l'oubli de votre père ! » Michel m'a répondu : « Eh bien ! oui, je vais arranger ça. » Je lui ai dit : « Il ne s'agit pas d'arranger ça dans des temps plus ou moins lointains. Il faut arranger ça tout de suite. » Je sais qu'il le fera. Ce n'est pas un mauvais garçon. Il n'a pas de gros besoins. Il s'est fait construire une petite maison sur les bords de l'Eure. Il vit là... Pour le Louvre je lui avais dit : « Vous devriez laisser au Louvre les deux

femmes à l'ombrelle. » Il les a laissées. Je lui
ait dit aussi : « Vous devriez laisser une toile à
l'architecte qui a arrangé l'Orangerie. Il ne l'a
pas volée. » Il l'a laissée. Il fait ce qu'il faut.
Malheureusement, il est là, sur sa voiture, — il a
une auto, — il roule... Il va se casser la gueule
un de ces quatre matins et la petite Monet restera
sans un sou. Donc, voilà. C'est avec ça que,
pour le moment, je m'amuse. Une vie d'homme
est surtout intéressante quand on l'a ratée, — je
sais bien... Car c'est le signe qu'on a essayé de
se dépasser. Monet a réussi la sienne. Il a connu
la gloire, l'argent. Pourtant, j'ai plaisir à le revoir, à le reconstituer, à mettre de l'idée là où
il n'y a peut-être eu que de l'instinct. J'emporterai ça en Vendée. Je ne m'ennuierai pas.
J'aime mieux regarder ce passé que votre présent... Vous avez vu ce procès de Colmar[1] ?

MOI

J'ai vu.

M. CLEMENCEAU

Qu'est-ce que vous pensez de ça ?

MOI

Que c'est triste.

M. CLEMENCEAU

Ce Berthon[2] porté en triomphe par des curés !
Voilà bien la preuve de la désaxation de tout ! Et
Fachot[3] insulté par une bande de voyous qui lui

---

1 Le procès des autonomistes. Le jugement a été rendu le
24 mai.

2. Le député communiste. Avocat des autonomistes.

3. Le procureur général. Quelque temps après il fut blessé
à coups de revolver par un énergumène.

jettent des pierres ! Et cet avocat de Quimper qui déclare : « Il ne faut pas juger la France sur le verdict abominable qui vient d'être rendu ! » Qu'est-ce que vous voulez faire après ça ? J'ai reçu la lettre d'un ancien député de là-bas, qui me dit : « Quand vous étiez jeune, je vous ai approuvé, soutenu. Pendant la guerre je me suis séparé de vous. En souvenir de votre jeunesse et des idées que vous défendiez autrefois, qu'est-ce que vous attendez pour protester contre l'ignoble procès de Colmar ? » C'est pour vous dire où nous en sommes !

MOI

Quelle est la solution ?

M. CLEMENCEAU

Pour moi, j'en vois une : crever ! Je ne veux plus entendre parler de tout ça. La France me fait peur. Les gens rient, s'amusent, ne comprennent pas, ou, s'ils comprennent, ils s'en fichent. L'avenir ne compte plus. Où nous réveillerons-nous un de ces jours ? Pour moi que ce soit chez les morts. Je n'en demande pas davantage.

MOI

Quand partez-vous pour la Vendée ?

M. CLEMENCEAU

Au début de juillet. Si mon bouquin sur Monet est bien, je le publierai. S'il est mauvais, je le flanquerai au feu. Vous avez vu les photos qui sont là ? Je ne sais pas d'où ça me vient... C'est intéressant. Bien que ce soit en noir, on sent la recherche des couleurs... le pinceau qui creuse... Il y en a une bataille, là-dedans ! Il a le secret de la convexité de la terre, — avez-vous remarqué ? On sent que, derrière la ligne d'horizon, ça continue. Le ciel se perd, il ne s'arrête pas. Je vais aller rue La Boétie à une exposition de Bourdelle. Vous connaissez Bourdelle ?

MOI

Je connais ce qu'il fait.

M. CLEMENCEAU

Qu'est-ce que vous en pensez ?

MOI

Eh ! mon Dieu !

M. CLEMENCEAU

C'est tout à fait mon avis. Il fait de la sculpture grecque à l'allemande. Il fait du gothique. Il fait du péruvien, du mycénien. Il n'y a qu'une chose qui m'ennuie : il ne fait pas souvent du bourdellien.

MOI

C'est peut-être qu'il y a eu le Pérou, Mycène...

M. CLEMENCEAU

Et qu'il n'y a pas de Bourdelle ? La chose est encore possible. En tout cas c'est un homme extravagant. Vous ne savez pas ce qu'il a failli faire pour mon *Démosthène?* L'éditeur lui avait commandé des bas-reliefs, d'après quoi seront faites les gravures. Voilà-t-il pas que mon Bourdelle avait imaginé de faire mon portrait, habillé en Démosthène, avec la toge, passant la revue des morts, aux Champs-Élysées ! Vous voyez ça d'ici ?

MOI

Comme on dit : l'idée est plaisante.

M. CLEMENCEAU

Vous me voyez, aux Champs-Élysées, passant en revue Poincaré, Jules Ferry, Franklin-Bouillon, François Albert ? J'ai dit à l'éditeur : « Ah ! mais non ! J'veux pas d'ça ! » Bourdelle a fait un truc tout à fait extraordinaire. Ça représente Xerxès à cheval, faisant tourner bride à sa monture : « N'allons pas plus loin ! Le terrain est mauvais. » Le malheur (je vous montrerai ça tout à l'heure) est que Xerxès est sur son cheval et que ses pieds traînent par terre. Moi, je n'ai jamais vu ça. Quand j'étais jeune, il m'est arrivé de monter à cheval ; je m'y prenais toujours de manière à avoir un cheval assez haut pour que mes pieds ne traînassent pas dans la crotte.

MOI

Xerxès était donc à cheval ? Je le voyais plutôt en litière...

M. CLEMENCEAU

Non. Il devait être à cheval. Vous vous rappelez, dans Hérodote ? Ils avaient décidé de prendre pour roi celui dont le cheval hennirait le premier. C'est une idée comme une autre. Ça vaut le plébiscite. Et c'est la jument de Darius qui émit le premier hennissement. Bourdelle est un fantaisiste. Il travaille sa glaise d'une façon qui a l'air puissante, comme ça, à première vue, et qui, au fond... on sent qu'il voudrait, qu'il cherche, qu'il essaie — et qu'il ne peut pas. Mais il la connaît dans les coins. Il nous fait le coup du génie, à l'esbrouffe, — et ça, comme travail, c'est sérieusement exécuté. Enfin, je n'avais pas Phidias, on m'a flanqué Bourdelle.

MOI

Il n'y a pas beaucoup de sculpteurs français.

M. CLEMENCEAU

En revanche, il n'y en a pas du tout d'étrangers. Les sculpteurs étrangers peuvent sculpter des marrons ou des montagnes, c'est inexistant. Ils feraient mieux de laisser cette pauvre pierre tranquille ou d'en faire des routes. Chez nous, dans le temps, il y a eu des sculpteurs qui ont fait de bons morceaux. Il y a eu Houdon. Il va y avoir une exposition de Houdon. J'irai voir ça. Il y a eu Rude...

MOI

Et Carpeaux.

M. CLEMENCEAU

Il est un petit peu Second Empire, Carpeaux. Sa grâce est une grâce comme ça... alanguie, un peu bête... Il a donné de la légèreté à la pierre. Reste à savoir si la pierre est faite pour être légère. — Je n'aime pas Rodin.

MOI

Tout de même...

M. CLEMENCEAU

Eh bien ! oui, c'est ça, c'est ce qu'il faut dire : tout de même. C'est peut-être parce que j'ai connu l'homme : il était bête, vaniteux, et il aimait l'argent. C'est beaucoup, — vous ne trouvez pas ? Quand je suis revenu de l'Amérique du Sud, avec la commande d'un buste, je suis allé trouver Rodin, qui m'a dit : « Il faut leur faire payer ça le plus cher possible ! » Ç'a été sa première pensée.

MOI

Il y a le saint Jean-Baptiste... L'homme qui marche... c'est tendu, nerveux...

M. CLEMENCEAU

Oui, oui... Mais il y a le Balzac !

MOI

Eh bien ! le Balzac, Monsieur ! vous n'aimez pas ça ? C'est une recherche admirable. Ça n'a probablement aucun rapport avec le vrai Balzac...

M. CLEMENCEAU

Probablement, — et on s'en moque.

MOI

Mais ces deux grandes orbites... cette espèce de redressement du corps... Il y a là quelque chose de si grand !

M. CLEMENCEAU

Oui, oui...

MOI

Quand on compare le Balzac de Rodin avec le Balzac de l'avenue Friedland...

M. CLEMENCEAU

Cet homme assis, dans un peignoir ? Ah ! ça, c'est une chose horrible !

MOI

Vous avez revu Cogné ?

M. CLEMENCEAU

Cogné ? ah ! Cogné... Oui, il est venu l'autre jour, — il m'a rephotographié. Il avait oublié d'allumer son machin.

> *Entre Michel Clemenceau, —*
> *grand, mince, de gris vêtu, les*
> *tempes finement argentées et le*

regard jeune. Il ressemble étonnamment à son père, — en doux et souriant.

MICHEL CLEMENCEAU

Bonjour, papa.

M. CLEMENCEAU

Ah ! te voilà ?

MICHEL CLEMENCEAU

J'arrive de Hollande. Je suis allé dire bonjour de ta part au bourgmestre Sixte.

M. CLEMENCEAU

Ah ! bien ! il n'est pas épatant, ce bonhomme-là ?

MICHEL CLEMENCEAU

Épatant ! Et le Syndicat des Drapiers ! ça, alors ! ça dépasse tout ! Et ça ! (*Il montre une photographie jaunie posée sur la cheminée : cinq bonnes femmes à petites coiffes blanches, lèvres pincées et yeux stupides ou féroces. C'est le conseil d'administration d'un hôpital, saisi, jugé et fixé par Rembrandt.*) Quelles gueules !

M. CLEMENCEAU

Quelles gueules effroyables ! La philanthropie dans toute son horreur !

MICHEL CLEMENCEAU

J'aime moins la Ronde de Nuit. Il y a là un effet d'ombre et de lumière...

M. CLEMENCEAU

Oui. C'est plus facile. Mais cet homme qui met ses gants ! Il a fait ça en deux heures...

MICHEL CLEMENCEAU

En rentrant à Paris je suis allé voir ma petite-fille.

M. CLEMENCEAU

Votre petite-fille ? Vous êtes donc grand-père ?

MICHEL CLEMENCEAU

Oui. Georges a une fille.

M. CLEMENCEAU

Elle est assez rigolote. (*Il se lève.*) Venez voir Xerxès.

> *Nous passons dans la chambre. Il sort d'un tiroir le bas-relief de Bourdelle et nous le montre. C'est un Xerxès à grands bras et à grandes jambes et qui gesticule beaucoup. Bourdelle a été gêné pour loger le cheval et l'homme dans un si petit cadre. Il semble les avoir repliés — comme on fait avec les homards — au fond d'un panier pour l'expédition. De plus, Xerxès a l'air de montrer la direction à son cheval en lui disant : « Par ici ! »*

Qu'est-ce que vous pensez de ça ?

MOI

???

M. CLEMENCEAU

Nous sommes d'accord. Tenez ! regardez-moi, en revanche, cette affaire-là... (*Il me montre le catalogue de l'exposition de Bourdelle. Sur la couverture : une photo de Bourdelle, — lunettes derrière lesquelles se tasse la pensée ; cheveux où passe un souffle d'inspiration.*) Il a peut-être raté son Xerxès mais il a réussi son Bourdelle, hein ? (*Je regarde fixé au mur le moulage de la Stèle de*

Samos.) Vous regardez ça ? On peut le regarder toute sa vie sans se lasser. En passant par Athènes, n'oubliez pas de faire une pause devant. C'est au Musée de l'Acropole. Faites aussi une pause devant la bonne femme qui rattache sa sandale. Il y a là un mouvement d'épaules... Ah ! Martet ! l'homme qui a fait ça ! (*En me reconduisant.*) Alors j'écris Monet ? C'est un homme que j'ai aimé...

VI

DEUX AMIS

Monet lui rendait cette amitié. Les dernières
années du vieux peintre ont été hantées par ses
yeux, — cette vue qui chaque jour allait bais-
sant, troublant les contours des choses et en bou-
leversant les valeurs... ses nymphéas, — ces
vastes fresques hallucinées qu'il peignait, à
grands coups de pinceau fougueux et un peu
fous, dans la passion et dans l'angoisse, qu'il
avait données à l'État et qu'il voulait garder,
qu'il redonnait, qu'il reprenait... ses toiles
n'étaient pas finies... l'Orangerie n'était pas
prête... et toutes ces phobies, toutes ces manies
de malade et de vieillard, tous ces entêtements
et ces colères d'enfant, il confie tout cela à
M. Clemenceau dans ces lettres écrites à la diable, au crayon, d'une main tremblante, qui cherche péniblement sa route, des lettres où l'on de-
vine l'énervement et la souffrance et qui brûlent
toutes d'une virile et fraternelle affection.

J'en extrais ces quelques lignes inédites.

11 septembre 1916.

Je vais assez bien, malgré quelques phases de complet découragement et puis je reprends confiance, tout en craignant de ne pas me tirer de cet immense travail[1]...

12 novembre 1918.

Cher et grand ami, je suis à la veille de terminer deux panneaux décoratifs, que je veux signer du jour de la Victoire, et viens vous demander de les offrir à l'État, par votre intermédiaire[2]. C'est peu de chose, mais c'est la seule manière que j'aie de prendre part à la victoire. Je désire que ces deux panneaux soient placés au Musée des Arts Décoratifs[3] et serais heureux qu'ils soient choisis par vous.

Je vous admire et vous embrasse de tout mon cœur.

10 novembre 1919.

Comme je vous l'ai télégraphié, j'ai mûrement réfléchi à ce que vous m'avez dit hier[4], ce qui m'a prouvé l'amitié que vous me portiez, mais,

---

1. Les Nymphéas. La fresque était répartie en une quinzaine de toiles.

2. Finalement, Monet offrit à l'État toutes ses toiles

3. Les Nymphéas ne furent pas placés aux Arts Décoratifs. On aménagea spécialement pour eux l'Orangerie des Tuileries.

4. M. Clemenceau lui conseillait de se faire opérer de la cataracte.

que voulez-vous ? j'ai grand'peur qu'une opération ne me soit fatale, que l'œil malade, une fois supprimé, ce soit le tour de l'autre. Alors, j'aime encore mieux jouir de ma mauvaise vue, renoncer à peindre s'il le faut, mais au moins voir un peu ce que j'aime, le ciel, l'eau et les arbres, sans compter ceux qui m'entourent. Et puis, je me suis souvenu qu'une artiste de talent, que je connais, vient d'être opérée ; je vais prudemment m'informer de l'état où elle se trouve après cette opération et pourrai alors prendre une détermination et avoir recours à vous. J'espère que vous comprendrez ma raison...

3 avril 1921.

Je vais venir à Paris afin de voir pour mes yeux et d'en décider.

19 juin 1921.

Je continue à travailler avec ardeur, mais le temps, très variable, me joue de vilains tours.

6 septembre 1921.

J'ai énormément travaillé et je travaille encore.

25 novembre 1921.

Tout est bien, sauf entente avec l'architecte, dont le plan ne me va pas[1]. *Je l'ai convié à ve-*

1. Le plan d'aménagement de l'Orangerie.

nir dimanche pour me donner des précisions in-
dispensables, sans quoi ça ne pourrait pas aller
du tout.

8 décembre 1921.

Pour ce qui est de l'Orangerie, j'ai peur que
l'architecte ne se trouve en présence de difficultés, et qu'il ne songe qu'à faire le moins de dé-
penses ; cependant, il faut bien qu'une bonne
fois l'on dise franchement si le don que je fais
mérite ou non qu'on fasse le nécessaire pour que
mes décorations soient présentées comme je le
veux.

Il a été malade. Il va mieux.

13 décembre 1921.

Je suis tout à fait bien. J'ai pu quitter ma
chambre hier et aujourd'hui me remettre au
travail. Alors la vie est belle.

8 janvier 1922.

Ce que je fais sur la terre? Eh bien ! je peins
et puis j'attends l'apparition de l'Echo National [1],
surtout si vous devez y écrire.

M. Clemenceau est aux États-Unis. Claude Monet m'écrit :

1. Le journal d'André Tardieu.

22 février 1922.

Puisque vous avez bien voulu me promettre de me donner des nouvelles de M. Clemenceau, je viens vous demander ce que vous savez de lui, de sa santé surtout, vous priant de lui faire savoir combien je pense à lui, et comme je serais heureux de savoir de lui-même s'il est content de tout ce qu'il voit. Il m'avait si bien habitué à ses visites qu'il me manque tout à fait, dites-le-lui, je vous en prie, et dites-lui le plaisir qu'il me ferait en m'adressant un mot.

A l'Orangerie ça ne va pas. Monet a écrit à Paul Léon. Pas de réponse :

6 mars 1922.

Je m'engage donc et lui pas et de la façon dont cela marche, j'ai bien peur que nous n'arrivions à rien. Les Beaux-Arts sont débordés, sans le sou, et ne cherchent qu'à gagner du temps.

4 mai 1922.

Je passe des jours bien tristes. Ma vue, hélas ! s'en va totalement et si vous saviez ce que cela est pour moi ! Vous voir me fera du bien...

16 mai 1922.

Deux mots pour... vous prévenir que la glycine[1] est bien près d'être à point, qu'elle sera

1. Dans le jardin de Giverny.

splendide d'ici peu de jours et que votre venue ici s'impose.

22 mai 1922.

J'espérais vous voir hier, vous n'êtes pas venu, ce que je regrette fort, car la glycine n'a jamais été aussi belle et, par cette chaleur, elle ne durera pas longtemps. Tout est admirable en ce moment et cette lumière m'aveugle.

Le mauvais temps est venu :

18 juillet 1922.

Malgré toute ma volonté et mon ardeur au travail, je n'ai eu que déceptions et cependant je sens que j'aurais pu faire de la bonne besogne.

9 septembre 1922.

Suis allé hier à Paris en consultation. Résultat : un œil absolument perdu, opération nécessaire et même inévitable dans un temps peu lointain. En attendant, un traitement qui pourrait rendre l'autre œil meilleur en me permettant de peindre. Cela dit, j'ai voulu me rendre compte des travaux de l'Orangerie. Pas un ouvrier. Silence absolu. Seul un petit tas de plâtras à la porte.

18 septembre 1922.

Vous êtes décidément un homme admirable et

je suis de plus en plus fier de votre bonne amitié. Je suis heureux de pouvoir vous dire que les gouttes qui me sont mises dans l'œil ont un effet prodigieux, que j'y vois mieux que je n'ai vu depuis longtemps.

Enfin la décision est prise. L'opération se fera.

18 décembre 1922.

Je n'ai qu'un désir, qu'elle ait lieu le plus tôt possible, sans doute vers le 8 ou le 10 janvier, car je n'y vois plus guère.

L'opération se fait. Monet retrouve la vue. Il revoit le ciel, l'eau, les nuages, — tout ce qui l'a enchanté et torturé. L'Orangerie se termine, — car tout arrive : un cadre exquis où le génie de Monet se déroule dans cette sorte de paix qui convient à l'éternité.

Son œuvre est achevée : à condition qu'une œuvre soit jamais achevée...

Alors il meurt.

VII

DE QUELQUES SOLDATS. — PARIS OU CALAIS ?
CASABLANCA

4 juin 1928.

J'attends une minute dans le cabinet de travail. M. Clemenceau entre en tenant à la main une gravure encadrée, un Daumier : Don Quichotte et Sancho.

M. CLEMENCEAU

Monsieur Martet, je me permets de déposer ceci entre vos mains pour que vous l'offriez de ma part à votre septième enfant.

MOI

Merci, Monsieur. Il restera en dépôt longtemps.

M. CLEMENCEAU

Ah ! Et pourquoi ?

MOI

Je ne peux pas tout faire, Monsieur : faire des enfants et rêver.

M. CLEMENCEAU

Si tout le monde disait ça...

MOI

Ça arrangerait tout.

M. CLEMENCEAU

Cette parole effroyable n'est pas dénuée de tout bon sens. (*Me montrant la gravure.*) Observez que si le cheval fait un pas de plus, il se flanque les quatre fers en l'air. Et l'air d'assurance de Don Quichotte, là-dessus ! C'est magnifique ! C'est d'une richesse d'idées ! C'est bien plus complet que Cervantès ! Daumier était un grand bonhomme... On s'en est naturellement aperçu le plus tard qu'on a pu. C'est de règle. Alors ? vous m'apportez mon papier sur Foch ?

MOI

Oui. Le voici.

M. CLEMENCEAU

Je vais revoir ça.

MOI

Je veux vous poser une question : me le rendrez-vous ?

M. CLEMENCEAU

Oui ! bien sûr ! C'est à vous. Je ne veux rien garder.

MOI

Bien. Parce que je trouve qu'à ce papier il manque une conclusion. Ça s'arrête court. Il me semble qu'il faudrait là quelque chose... Quoi ? Je n'en sais rien.

M. CLEMENCEAU

Ça ne peut pas ne pas s'arrêter court. J'ai écrit

ça en Vendée et un beau jour j'ai été pris par autre chose, j'ai posé la plume, — je ne l'ai pas reprise.

MOI

J'ai trouvé très émouvant l'hommage que vous rendez à Foch.

M. CLEMENCEAU

Pour Doullens, je lui pardonne tout le reste, dont, d'ailleurs, je me moque. Il y a eu Doullens.

MOI

Vous prêtez de bien grandes qualités à Weygand...

M. CLEMENCEAU

C'est que Weygand est quelqu'un. Laid, — il est laid, contrefait, torturé, mal foutu. C'est un homme qui a dû recevoir des coups de pied au derrière quand il était encore dans les limbes. Mais il est intelligent. Et il a je ne sais quoi, une sorte de feu sombre. Je me suis fâché parce qu'au Conseil des Alliés il venait, il parlait. J'ai dit à Foch : « Vous n'avez pas le droit d'y venir vous-même. Vous n'êtes là que pour répondre quand on vous consulte. Au moins faites-le taire. »

« Weygand est un homme... comment vous dire ça ? dangereux, capable, dans un moment de crise, d'aller très loin, de se jeter là-dedans, — et intelligemment, beaucoup plus intelligemment que ne l'eût fait Mangin, qui aurait donné du nez n'importe où.

« Dangereux mais précieux. Et ayant une énorme qualité : sachant faire son travail sans en parler, sans qu'on en parle. Il est allé en Pologne. Je ne sais pas ce qu'il a fabriqué là-bas, — mais ce qu'il fallait faire, il l'a fait. Il a remis tout ça en place ; la question a été réglée. Il est revenu, n'a pas triomphé, n'a rien dit ; on ne sait pas ce qu'il fait, où il est. C'est assez fort. Ce n'est pas que Foch soit sot ; mais il a un génie bon enfant et simpliste. L'autre y ajoute quelque chose de tendu et de profond. Enfoncé naturellement dans les curés, jusqu'au cou.

MOI

Les soldats libres-penseurs ne sont pas beaucoup plus amusants.

M. CLEMENCEAU

Non. Ça c'est vrai.

MOI

Sarrail...

M. CLEMENCEAU

Ah ! ne me parlez pas de ça ! Et Percin ! le pauv' Percin !

MOI

Il s'est présenté aux dernières élections dans mon quartier. Il a eu une voix.

M. CLEMENCEAU

Ce n'est pas la mienne.

MOI

Vous rappelez-vous Breymann[1] ?

M. CLEMENCEAU

Oui. Il était bien gentil.

---

1. Breymann était commandant quand M. Clemenceau prit le pouvoir. J'avais obtenu qu'il fût attaché au Cabinet militaire.

MOI

Il avait un sens exagéré de la justice. Les passe-droits le rendaient malade.

M. CLEMENCEAU

Avec leur justice, ils sont amusants. Quand on tient tant à la justice, on n'entre pas dans l'armée. (*Réfléchissant.*) On n'entre nulle part.

MOI

Vous parliez de Mangin tout à l'heure...

M. CLEMENCEAU

Oui.

MOI

Qu'est-ce que c'est que Mangin ?

M. CLEMENCEAU

Un marteleur. C'est ce qu'il a fait dans ses campagnes d'Afrique et il n'avait rien de mieux à faire. Il est revenu sur le front et s'est figuré que c'était la même chose. Et, de temps en temps, c'était la même chose, c'était une affaire de poids, de force, de pesée... De temps en temps il fallait voir plus loin. C'est moi qui l'ai réintégré. Il avait à peu près tout le monde contre lui.

MOI

Voulez-vous me permettre de vous demander quelque chose ? Mais je crains de vous importuner...

M. CLEMENCEAU

Allez ! Allez ! Plus vous m'en demanderez et plus ça me fera plaisir.

MOI

Vous souvenez-vous d'une polémique qui a eu

lieu entre M. Poincaré et vous, en mars 18, un échange de lettres ou de coups de téléphone, je ne me rappelle pas au juste, sur la question de savoir si, devant l'avance allemande, il fallait ou non quitter Paris ?

M. CLEMENCEAU

Oui. Je me souviens très bien. J'avais essayé de trouver des hommes pour faire les travaux de défense autour de Paris. Rien. J'avais eu beau racler tous les fonds de tiroir, — quand j'en prenais ici, on me les reprenait pour les mettre ailleurs. Paris était donc ville ouverte. Alors j'avais décidé de quitter Paris si les Boches arrivaient et d'aller continuer la guerre en province. Poincaré, lui, voulait rester, — ce qui aurait conduit à quoi ? à se faire prendre... Les Anglais m'avaient demandé : « Qu'est-ce que voulez défendre ? Paris ou Calais ? » J'avais répondu : « Calais ! » Car une fois à Calais les Boches tenaient la Manche et tout était fini. Poincaré n'a jamais compris ça.

« D'ailleurs, avec Poincaré, je n'ai jamais pu m'entendre. Peut-être trois semaines ou un mois avant l'armistice, Mangin[1] m'écrit : « Mes troupes avancent. Nous avons obtenu des résultats. Mais les hommes sont fatigués. » Pierre ou Paul m'aurait dit ça, — Pétain, par exemple, qui voyait un peu trop le pour et le contre des choses, ça n'avait pas d'importance. Mais sous la plume de Mangin, le mot « fatigué » avait un sens. Je dis : « Arrêtez. » J'en fais part à Poincaré qui

---

1. M. Clemenceau se trompe. Il s'agit de Gouraud.

lève les bras au ciel, en disant : « Comment, arrêtez ! Mais vous allez couper les jarrets de nos soldats ! » (*Sic.*) Ah ! alors, là, je me suis fâché[1] !

« Pour l'histoire dont vous me parlez, quand la question s'est posée de savoir si je devais quitter Paris, eh bien ! je ne crois pas qu'il y ait trace de ma discussion avec Poincaré... (*Réfléchissant.*) Quoique... il a bien dû m'écrire là-dessus une ou deux lettres[2]...

MOI

Il y a aussi cette vieille histoire... Mais je crains de vous ennuyer en sautant ainsi du coq à l'âne... Je suis en train de constituer mes dossiers...

M. CLEMENCEAU

Allez ! Allez !

MOI

Ce sont des faits que j'ai épinglés et pour lesquels...

M. CLEMENCEAU

Allez donc ! Cette vieille histoire ?

MOI

C'est l'affaire de Casablanca. On a souvent raconté que le prince Radolin, l'ambassadeur d'Allemagne à Paris, serait venu vous dire : « Je suis forcé de vous demander mes passeports » et que vous lui auriez répondu : « A quelle heure est votre train[3] ? »

---

1. Cette fâcherie — qui fut grave — eut lieu le 8 octobre 18.

2. M. Poincaré écrivit bien plus de deux lettres.

3. « Quand l'Ambassadeur d'Allemagne le menace de réclamer ses passeports, ce qui équivaut à une rupture, M. Clemenceau ne s'effraie pas. Il tire simplement sa montre et

M. CLEMENCEAU

Oui, — c'est un peu simpliste, la façon dont vous racontez ça. La vérité est que nous avons bien failli avoir la guerre, à ce moment-là. Pendant deux nuits, je n'ai pas dormi. Je ne me rappelle plus ce que nous avions fait, nous avions bousculé, je crois, des Allemands, et l'Allemagne demandait des choses impossibles. Je n'étais pas en disposition de céder. Mais enfin s'il l'avait fallu... J'interroge ce pauvre Picquart qui était Ministre de la Guerre : « Pouvons-nous risquer ça ? » Chose que je ne ferais certainement pas aujourd'hui car Picquart était bien le dernier homme à qui on pouvait poser la question. Picquart me dit : « Laissez-moi deux jours pour répondre. » Au bout de deux jours il revient et me dit : « On peut. » Alors j'ai refusé ce que les Allemands demandaient. Pour ne pas avoir l'air d'y mettre de la mauvaise volonté, j'ai proposé, moi, de mon côté, une chose raisonnable, qui consistait à porter la question devant La

conseille à l'Excellence allemande de se hâter car, dit Clemenceau, le rapide Paris-Berlin part à l'heure. » (Régis Michaud, dans la notice biographique de ses *Pages Françaises de M. Clemenceau*).

Version plus détaillée : « L'Ambassadeur germanique vient trouver le Président du Conseil : « Si satisfaction complète » n'est pas donnée à mon gouvernement, dit-il, je me verrai, » d'ordre de Sa Majesté l'Empereur, contraint de demander » mes passeports. » M. Clemenceau se redressa tout à coup, sortit sa montre, la regarda un instant, et, impassible, répondit : « Excellence, le train de Cologne part à neuf heures. Il » en est sept. Si vous ne voulez pas manquer le train, il faut » vous dépêcher. » Jamais homme ne fut plus abasourdi que l'ambassadeur allemand, qui sortit, après avoir balbutié quelque vague formule de politesse. » (Abbé Wetterlé.)

Haye. Et les Boches ayant, par hasard, accepté, on a soumis ça à La Haye, qui a rendu un jugement à peu près conforme au bon sens. Du moins, je crois, — et ça n'avait plus aucune espèce d'importance.

MOI

Mais Radolin ?

M. CLEMENCEAU

Ah ! voilà... Radolin... J'étais très bien avec Radolin et nous causions librement, tous les deux. C'était un Polonais, qui avait épousé une espèce de Française, une Talleyrand-Périgord. Pourquoi Berlin nous avait-il envoyé cet homme-là ? Probablement pour nous donner le change. Un jour, il me disait : « Nous vous avons battu en 70, — ça n'a pas été bien difficile, — nous vous rebattrons peut-être une seconde fois, nous vous rebattrons peut-être une troisième, et, un beau jour, à force de vous battre comme ça et de vous battre encore, nous ramasserons une énorme pile ! » Vous ne trouvez pas que c'est drôle dans la bouche de l'ambassadeur d'Allemagne ? Alors il est possible que Radolin soit venu me dire à moitié en plaisantant : « Voyons ! vous n'allez pas me forcer à vous demander mes passeports ! » A quoi j'aurais répondu en souriant et en m'inclinant : « Eh bien ! si vous preniez cette décision-là, je ne pourrais que le déplorer et vous demander l'heure de votre train, pour que je puisse aller vous saluer à la gare... » ou quelque chose comme ça. Ça s'est passé au conditionnel. Brutalement, comme vous le dites, — ça n'est pas dans ma manière.

MOI

Il y a aussi ce télégramme, que vous auriez rédigé, de votre bonne plume et qui était tellement cassant, que Pichon, effrayé, bouleversé, aurait refusé de l'envoyer...

M. CLEMENCEAU

Pauv' Pichon ! Ça n'aurait pas été la première fois que les événements l'auraient un peu troublé. Je ne me rappelle pas cette histoire-là. Non... Ce qu'il y a de vrai c'est que j'avais envoyé un télégramme en clair pour que les Boches en eussent connaissance. Je disais : « Je suis arrivé à la limite des concessions. » C'est tout. Qu'est-ce que vous voulez encore savoir ?

MOI

Plus rien pour aujourd'hui.

M. CLEMENCEAU

Je crois qu'avec Monet j'ai du plaisir et du travail pour un bout de temps. Je suis retourné l'autre jour à Giverny. J'ai revu ce jardin... Je me suis rappelé tout ça...

MOI

Quand donc Monet était-il venu s'installer à Giverny ?

M. CLEMENCEAU

Il avait dû y venir en 83.

MOI

Est-ce qu'à ce moment la route et le chemin de fer traversaient son jardin ?

M. CLEMENCEAU

C'est-à-dire que son jardin venait jusqu'à la

route et qu'il n'avait pas encore le terrain où sont le ruisseau et le petit pont. Il a acheté ça quand il a voulu regarder de l'eau, et, quand il a voulu peindre ses Nymphéas, il a fait construire le grand atelier. Auparavant, il avait son atelier dans le pavillon, au premier. Je me rappelle un jour, j'étais dans cet atelier, nous causions. Il me montrait des nymphéas, pas très intéressants, bien sages, — que je trouvais très beaux. Je lui dis : « Monet, vous devriez dénicher un juif très riche qui vous commanderait une décoration de nymphéas pour sa salle à manger. » C'est de cette idée-là, je crois, que sont sortis les Nymphéas de l'Orangerie. J'y suis allé l'autre jour, à l'Orangerie, j'ai regardé ça... J'ai encore une fois à y retourner. J'en aurai absorbé ce qu'il m'en fallait. C'est vraiment une chose prodigieuse.

MOI

C'est l'interpénétration de tout.

M. CLEMENCEAU, *l'index braqué sur moi.*

C'est ça ! C'est une leçon de l'univers qui vaut tous les livres. Pauvre Monet ! Il a souffert, vous savez... Il faut souffrir. Il ne faut pas se satisfaire. Renaudel se satisfait. C'est très mauvais. Monet se jetait sur ses toiles et les crevait, à coups de pied, avec sauvagerie. Il a crevé comme ça deux très beaux portraits de lui. Le portrait qu'il m'a donné, il me l'apporte un jour dans ma voiture, — j'étais allé le voir, je m'en retournais... « Débarrassez-moi de ça, — je le creverais ! » Avec un peintre qui crève ses toiles, et qui

6

pleure, qui meurt de rage devant sa peinture, il y a de l'espoir.

> *Albert annonce Maurice Winter[1].*

M. CLEMENCEAU

Faites-le entrer.

> *Entre Maurice Winter. Il est doux et timide.*

MAURICE WINTER

Bonjour, Monsieur le Président. Comment allez-vous ?

M. CLEMENCEAU

Je me porte comme un macchabée qui ne pourrait plus lever le bras si on ne tirait pas la ficelle. Martet se donne un mal du diable pour que je me survive à moi-même.

MAURICE WINTER

Pour un moribond vous venez d'écrire un livre de douze cents pages ; c'est une assez jolie preuve de vitalité.

M. CLEMENCEAU

Qu'est-ce que devient votre ministre[2] ? On le dit désireux de retourner en Indochine[3]. C'est une drôle d'idée. Je voudrais écrire la vie de Sarraut. Qu'en pensez-vous ? (*Se tournant vers moi.*) Il y a deux choses que je reproche à Plutarque : 1º de ne pas avoir écrit la vie d'Aristote ;

---

1. Fils d'un homme excellent qui a été pendant de longues années secrétaire de M. Clemenceau. Maurice Winter est inspecteur général au Ministère de l'Intérieur. M. Clemenceau lui avait confié, pendant son ministère, le poste de Directeur de la Sûreté Nationale.

2. M. Sarraut, Ministre de l'Intérieur.

3. M. Sarraut était auparavant Gouverneur de l'Indochine.

2° de ne pas avoir écrit la vie de Phidias. Pourquoi n'a-t-il pas écrit ça, Martet ?

MOI

Probablement parce que ça le dépassait.

M. CLEMENCEAU

Il nous le devait. Phidias... Phidias, — c'est une chose extraordinaire ! Il y a eu là quelque chose, qui est venu on ne sait d'où, — car rien n'explique ça : ni l'Orient, ni l'Égypte... qui s'est réalisé... et ç'a été fini ! Il n'y a eu qu'un jour pour la Beauté. Plutarque devait nous conter ça.

« Il est vrai que, comme vous l'insinuez méchamment, il n'est pas très malin, Plutarque. Tout ce qu'il peut faire, c'est des vies de soldats. Avec une vie de soldat, on s'en tire toujours. Winter, je me suis fixé une tâche.

MAURICE WINTER

Ah ! bravo ! Vous ne vous serez pas reposé longtemps !

M. CLEMENCEAU

Il ne faut pas se reposer. C'est de ça qu'on crève. J'écris un bouquin sur Monet. C'est une chose assez belle que la vie d'un homme qui n'a eu de joie que dans la souffrance. — Pourquoi Sarraut veut-il retourner en Indochine ?

MAURICE WINTER

Sans doute pour le plaisir d'être roi.

M. CLEMENCEAU

Avec la chaleur qu'il doit faire là-bas ! Quelle royauté ! J'ai connu une fois la chaleur, à Ceylan... J'étais assis à l'ombre d'un arbre. J'avais devant moi une rivière et, de l'autre côté de la rivière, la jungle, avec un fouillis d'arbres, de lianes. Je me suis dit que si je devais faire trois pas hors de cette ombre et m'avancer vers cette rivière, je tomberais mort. (*A moi.*) Vous aurez chaud, à Athènes.

MAURICE WINTER

Vous allez à Athènes ?

MOI

En plein mois d'août.

M. CLEMENCEAU

Il est fou. C'est ce qui fait sa grâce. Il faut voir Delphes. Il y a une dame de ma connaissance qui revient de Grèce... Elle n'est même pas allée à Delphes ! c'est insensé ! A Delphes, — avec ce paysage-là, ces montagnes, — les choses qui se sont passées ne pouvaient pas ne pas se passer ! C'était écrit ! Et Dèlos ! Il faut voir Dèlos ! A Athènes, j'étais descendu dans un hôtel, place de la Constitution. La nuit, sous mes fenêtres, j'entendais comme des ruisseaux... qui coulaient... C'étaient les Grecs qui passaient et repassaient en causant politique.

VIII

LA STABILISATION DU FRANC. — LE PREMIER VOYAGE
EN AMÉRIQUE. — A MAZAS

7 juin 1928

J'entre dans la chambre. Piétri est en train de causer avec M. Clemenceau. Il s'agit d'une dédicace du *Soir de la Pensée* à un M. Mac Pherson. M. Clemenceau griffonne la dédicace.

M. CLEMENCEAU

Martet, que pensez-vous de l'affaire Mestorino[1] ?

MOI

Eh ! Monsieur, j'en pense que le Président Mangin-Bocquet[2] a été roué de coups par le public en voulant entrer dans la salle...

M. CLEMENCEAU

J'ai vu ça. Et je m'en suis réjoui en mon cœur.

1. C'est l'histoire de ce bijoutier qui avait assasssiné un de ses clients pour le voler. L'assassin passa devant les Assises de la Seine.

2. Le Président des Assises.

Car votre Mangin-Bocquet a fait une chose qu'il ne faut pas faire : il a fait venir sa femme. Un juge qui fait ça est jugé.

MOI

On a d'ailleurs chipé à Madame Mangin-Bocquet son collier de perles et à son fils mille francs qu'il avait dans son portefeuille[1].

M. CLEMENCEAU

Ah ? car il y avait toute la famille ? J'ignorais ce détail savoureux. Eh bien ! Martet, pour une fois Dieu s'est conduit en homme d'esprit... Et ces gens[2] qui ont vu assassiner Truphème, qui l'ont vu là, par terre, qui l'ont entendu crier : Pitié ! et qui n'ont rien dit, pas bougé ! On ne les coffre pas ? Ah ! ça, Martet, qu'est-ce qui se passe ? Qu'est-ce que devient ce peuple ?

MOI

Le public des Assises a été non moins remarquable. A diverses reprises il s'est tordu de rire. On a supprimé les courses de taureaux et les combats de gladiateurs...

M. CLEMENCEAU

On a laissé les Assises. Le sang se voit moins. (*Se tournant vers Piétri.*) Alors ? Stabilise-t-on ? Stabilise-t-on pas ?

PIÉTRI

Je crois qu'on va stabiliser.

M. CLEMENCEAU

Je trouve ça complètement fou. Puisque ça y

---

1. La scène s'est passée le 6 juin. « Effroyable scandale ! » disent les journaux.
2. Les employés de Mestorino.

est, puisque le franc est à quatre sous et qu'on n'a absolument rien fait pour l'empêcher de tomber à quatre sous, eh bien ! qu'on n'en parle plus ! Pourquoi diable éprouver le besoin de crier : « Vous savez ? Nous faisons faillite pour les quatre cinquièmes ! »

PIÉTRI

Il paraît que la Banque de France ne peut plus tenir le coup...

M. CLEMENCEAU

On n'était peut-être pas forcé d'en arriver là ! Je le répète : qu'est-ce qu'on a fait pour le franc ? Rien. M. Poincaré a bouclé son budget... Et après ? Qu'est-ce que c'est que le budget ? C'est rien ! Le budget de l'État n'est pas le budget de la France. Il fallait boucler le budget, oui, d'abord, — coûte que coûte. Et ensuite il fallait faire tout ce qu'on n'a pas fait, tout ce qu'on n'a même pas essayé de faire. Mais ces gens n'ont souci que de gagner du temps ! Et comment a-t-on bouclé le budget ? En nous écrasant d'impôts, d'une part, — et je ne sais si vous vous en doutez : plus il y a d'impôts et plus le pays s'appauvrit, — et deuxièmement, en faisant de l'inflation. Car M. Herriot faisait de l'inflation et on a poussé les hauts cris... Mais je crois savoir que M. Poincaré ne s'est pas abstenu de cette pratique !

PIÉTRI

Oui. Mais M. Herriot n'y était pas autorisé.

M. CLEMENCEAU

Voilà la seule différence ! M. Poincaré s'est fait voter une belle petite loi... Qu'est-ce qu'on

a fait pour remettre de l'équilibre et de la sta-
bilité dans ce désordre et dans ce gâchis? dans
la vente, l'achat, la production, l'exportation,
l'importation? Comment se fait-il que le bétail
sur pied ait diminué et que la côtelette augmente
tous les jours? Je vous prie de croire que si
j'avais été chef du gouvernement ça n'aurait
pas traîné ! J'aurais flanqué en correctionnelle
un certain nombre d'individus... pas des petits,
pas des mendiants... des gros ! des messieurs
sérieux, ayant pignon sur rue. Tout ça serait
rentré dans l'ordre. L'an dernier, on s'est aperçu
qu'il y avait en trop, dans les caisses de l'État,
je ne sais combien de millions, — cent, deux
cents millions. Qu'est-ce qu'on a fait avec ces
millions pour faire baisser le prix de la vie? On
les a flanqués aux fonctionnaires ! On a donc
augmenté la capacité d'achat de milliers et de
milliers de gens. On a donc incité les commer-
çants à user et à abuser de cette capacité d'achat.
On a donc fait monter le prix de la vie. C'est
tellement clair que c'en est idiot.

PIÉTRI

Dernièrement, dans un restaurant, en face de
chez Renault[1], où les ouvriers de l'usine pren-
nent leur repas de midi, les côtelettes étaient à
quarante sous. Le patron les a, un beau jour,
sans crier gare, portées à quarante-cinq sous.
Les ouvriers ont réclamé. Le patron leur a dit :
« Comment ! mais vous venez d'avoir votre sa-
laire augmenté ! » — « Mais non ! ont répondu

---

1 Le fabricant d'automobiles.

les ouvriers. C'est la semaine prochaine seulement que se fera l'augmentation ! » — « Ah ! bon ! a dit le patron. Je vous demande pardon ! » Il leur a compté, pour cette fois encore, les côtelettes à quarante sous, et, la semaine suivante, froidement, il les a portées à quarante-cinq. Et savez-vous ce qu'il y a d'extraordinaire là-dedans ? C'est que, cette fois, les ouvriers n'ont pas dit un mot et ont sorti leurs quarante-cinq sous !

M. CLEMENCEAU

Ah ! il est dressé, le peuple français ! Et les économies ? Quelles économies a-t-on faites ? Dans cet ordre d'idées on devait tout avaler... On a supprimé les sous-préfets, — c'est tout ! et attention : on a supprimé leur travail, pas leur traitement. On a supprimé la fonction, — pas le fonctionnaire. Alors quand vous venez me dire : « On ne pouvait pas faire autrement que de stabiliser », je vous réponds : « Bien sûr ! Quand on s'est foutu à l'eau, les mains attachées dans le dos et un poids de vingt kilos aux pieds, on ne peut pas faire autrement que d'aller au fond ! »

MOI

Votre livre sur Monet ?

M. CLEMENCEAU

Eh bien ! les Nymphéas me font souffrir.

MOI

Ah ! c'est votre tour. Ils ont assez fait souffrir Monet.

M. CLEMENCEAU

Je suis allé hier à l'Orangerie. Il n'y avait

absolument personne. Dans la journée, il est venu, je crois, quarante-six hommes et femmes, sur lesquels il y avait bien quarante-quatre amoureux, qui cherchaient un endroit solitaire. Vous voyez si les foules se pressent pour admirer ! Eh bien ! en regardant les Nymphéas, je me suis aperçu que tout ce que j'avais dit là-dessus était à flanquer par terre. Je suis en train de reprendre ça.

MOI

Je suis allé l'autre jour au Pavillon de Marsan voir l'exposition des arts de l'Ancienne Amérique.

M. CLEMENCEAU

Ah ! oui, les pré-colombiens, toutes ces histoires-là...

MOI

Pour cent sous j'ai pu contempler quelques douzaines de vieux pots et des pierres où on a dû essayer de tailler quelque chose.

M. CLEMENCEAU

Mais oui ! Il n'y a pas d'art de l'Ancienne Amérique ! On se jette maintenant sur un tas d'histoires extravagantes et les belles dames se pâment devant ces espèces de guignols fabriqués par des nègres... (*Prenant une revue sur sa table.*) Tenez ! Regardez ! nos ancêtres d'il y a cinq mille ans... (*Il me montre la revue. Un article avec illustrations sur des ruines découvertes dans l'Inde. Des débris de sculpture, — une tête d'homme, une tête de lion.*) J'aime tout de même mieux Praxitèle...

MOI

A propos de ruines vous avez vu ces tombeaux qu'on a retrouvés du côté de Tyr ?

M. CLEMENCEAU

Non. Mais je dois vous dire que je n'ai pas confiance dans Tyr.

MOI

On a retrouvé dans ces tombeaux, autour du roi mort, ses femmes, ses soldats, son cocher, son cheval... tout ça égorgé...

M. CLEMENCEAU

Ah ! c'est très bien ! C'est de ces gens-là que nous venons ! Ça ne vous ennuie pas d'être homme ?

MOI

Qu'est-ce que vous voudriez être, Monsieur ? Mante religieuse ? Elle mange son amant. Ça n'est pas mieux.

M. CLEMENCEAU

Mais je crois bien que l'homme est le seul animal qui tue sans raison ou pour de ces histoires plus ou moins métaphysiques... C'est d'un grotesque ! Quand on sort d'ici, on doit en pousser, un soupir !

MOI

Ça s'appelle rendre l'âme...

M. CLEMENCEAU

Il y a un joli tableau allégorique à faire avec ça : « Seigneur, voici mon âme. Ça m'embarrasse et même à la longue ça me dégoûte un peu. » Il n'y a de raison et de propreté que dans le néant absolu.

MOI

Vous savez que j'ai décidé d'aller fêter la Prise de la Bastille chez vous en Vendée...

M. CLEMENCEAU

Bonne idée ! On allumera des lampions.

MOI

Il y a une chose qui m'intrigue. Je voudrais savoir si la Bastille étant à reprendre, vous la reprendriez...

Pas de réponse.

M. CLEMENCEAU

Je vous montrerai mes fleurs, Martet. J'ai des fleurs qui poussent dans le sable et qui se nourrissent avec je ne sais quoi. C'est un mystère. Nous échangerons devant l'océan comme qui dirait des pensées philosophiques.

MOI

Vous n'aurez pas Mandel ?

M. CLEMENCEAU

Vous avez peur de Mandel ?

MOI

J'ai un peu peur de l'éloquence...

M. CLEMENCEAU

Mandel vient sans que je l'invite, — moyennant quoi j'oublie de le retenir à déjeuner. Mais ne dites pas de mal de ce phénomène. Mandel n'a pas d'idées mais il les défendrait jusqu'à la mort.

MOI

J'ai une question à vous poser, Monsieur. Car je ne vous le dissimulerai pas : j'essaie de mettre de l'ordre en moi, — et ça n'est pas facile.

M. CLEMENCEAU

Vous êtes comme Pelloquet, alors ?

MOI

Pelloquet ?

M. CLEMENCEAU

Vous ne connaissez pas Pelloquet ? Pelloquet était une espèce de critique d'art. Un jour, il était en train de faire une conférence et il bafouillait de vagues choses, sur l'art, la peinture, etc. Tout à coup il ramasse ses notes, met ça sous son bras et descend de la tribune, en disant : « Je vous demande bien pardon mais il n'y a pas plus d'ordre dans mes idées que dans mes papiers ! » Il avait fait payer cent sous pour ça. C'est le même Pelloquet qui s'était une fois battu en duel... vous ne savez pas pour quoi ? pour le bouquet de l'Olympia de Manet ! Il prétendait que ce qui faisait la beauté et la grandeur du tableau ça n'était pas la femme, c'étaient les fleurs. Brave Pelloquet ! Or, voilà-t-il pas qu'il est blessé dans le creux de la main gauche, là... On lui dit : « Mais, mon pauvre ami, vous avez donc attrapé avec la main l'épée de votre adversaire ! » Il répond : « Non. Mais j'avais la main dans le dos, comme ça. Je me suis effacé légèrement... » Alors ? Votre question ?

MOI

Je voudrais savoir pourquoi vous êtes parti en 65 pour l'Amérique.

M. CLEMENCEAU

Oh ! Oh ! grosse question ! Parce que je venais de passer ma thèse de médecine. Je sentais que la démocratie allait avoir son heure chez nous. J'ai dit à mon père : « Je voudrais aller voir comment elle fonctionne là-bas. » Il m'a dit : « Va. » J'y suis allé, j'ai vu...

MOI

Et ?

M. CLEMENCEAU

Et rien. La démocratie est la démocratie. Ça n'est pas fameux. Mais premièrement c'est l'aboutissement fatal de l'expérience humaine. Et, deuxièmement, démocratie, aristocratie, ploutocratie... toutes ces craties-là se valent. Il n'y a qu'une bonne cratie : c'est la théocratie. A condition qu'il y ait un théos.

MOI

Vous me parliez un jour des rapports entre blancs et nègres aux États-Unis.

M. CLEMENCEAU

Dickens a raconté dans un bouquin son voyage là-bas. Il a publié les annonces qu'inséraient les journaux américains : « Perdu un nègre reconnaissable à ce qu'il a un œil crevé et la mâchoire brisée. Prière de le ramener à... » « Perdu une négresse répondant au nom d'Élisa et reconnaissable à ce qu'elle a les oreilles coupées. » Voilà l'esclavage aux États-Unis[1]. Il y a soixante-dix ans.

---

1. « *Songez aux abominations de l'esclavage chrétien des États-Unis...* » (Préface de la *Mêlée sociale*). « *Lisez dans les journaux des États-Unis, avant 1860, les avis descriptifs des esclaves en fuite. Ce ne sont que marques au fer rouge, mâchoires fracassées, yeux crevés, membres mutilés ou sciés. N'est-ce pas l'œuvre des blancs, des civilisés, des chrétiens ?* » (*La Mêlée sociale.*)

MOI

Dickens a pourtant eu en Amérique un grand succès avec ses conférences...

M. CLEMENCEAU

Il ne leur parlait pas de ça. J'ai assisté à ses conférences. Il se bornait à lire des passages de ses livres... la mort de Dora... et la maison du petit David, avec ses nids de corneilles... vous vous rappelez? et les Micawber. Quel homme que ce Dickens !

MOI

Et quand vous êtes revenu d'Amérique... en 69, je crois ?

M. CLEMENCEAU

En 69.

MOI

Qu'est-ce que vous avez fait ?

M. CLEMENCEAU

Je suis rentré chez mon père et j'y ai fait ce qu'il faisait lui-même. J'ai fait de la médecine en me promenant à cheval, dans la campagne[1].

---

[1] J'ai eu la bonne fortune de retrouver le carnet de consultations de ce jeune médecin de moins de trente ans. C'est un carnet de 142 pages recouvert d'un cartonnage vert. Sur la couverture M. Clemenceau a collé un petit dessin à l'encre qui représente deux squelettes tenant une sorte d'écu. L'un des squelettes porte un chandelier avec sa chandelle et l'autre est armé d'une faux.

Les malades sont inscrits par ordre alphabétique. Par exemple :

Baumard, 20 novembre 69, 2 visites, 2 fr. 50 ; 1 visite, 3 fr. ; *Barbot (La Rochette)*, 20 novembre 69, 7 visites à 5 francs : 35 francs ; 1 visite à 0 ;

Marie Biré, 20 novembre 69, 6 visites à 4 francs : 24 francs ; *Bonnet (Libaud)*, 21 novembre 69, 1 visite, 2 fr. 50 ; 22 novembre 69, 1 consultation et opération, 5 francs, etc...

MOI

Et vous êtes venu à Paris ?

M. CLEMENCEAU

La guerre a éclaté. Alors je suis venu à Paris.
Comme je ne savais pas où aller loger, je suis
descendu chez un de mes amis, Lafont, qui
habitait Montmartre. Le 4 septembre est arrivé.
Il n'y avait personne à Montmartre qui fût susceptible de s'intéresser à ces choses-là... Le gouvernement m'a nommé maire. Quelque temps
après il y a eu les élections. Avec deux ou
trois amis nous avons fait une affiche. Le peuple
a déclaré que c'était conforme à ses goûts. Il
nous a élus. Ce fut le commencement de mes
malheurs[1].

PIÉTRI

Est-ce qu'avant votre départ pour l'Amérique
vous n'aviez pas été en prison ?

M. CLEMENCEAU

Si. En 61 ou 62.

Une consultation et une opération pour cent sous : les prix
étaient modestes.

Parfois, M. Clemenceau indique la nature des maladies.
« Prunet : hernie ombilicale... » Et ce compte : une malade
lui doit pour une longue suite de consultations, 275 francs.
On lit : « Compte arrêté à 275 francs sur lesquels il a été
payé en août 1870, 50 francs. Reste dû : 225 francs. Payé le
16 octobre 225 francs moins 1 franc que je perds pour n'avoir
pas compté et o fr. 50 qu'elle m'a prié de rabattre, ci :
223 fr. 50. »

De 1869 à octobre 1871, M. Clemenceau a gagné 1.900 fr. 50.

1. M. Clemenceau fut nommé maire du XVIII⁰ arrondisse-
ment de Paris le 5 septembre 70 ; il fut élu le 9 novembre.
Le 12 février 71, il était élu député de la Seine à l'Assemblée
Nationale. Le 28 mars il démissionnait.

MOI

Qu'est-ce que vous aviez fait ?

M. CLEMENCEAU

De la politique contre l'Empire[1]. Je suis resté deux mois à Mazas. Ça rappelle cette histoire dans une comédie de je ne sais qui... Il y a un gendre qui dit à son beau-père : « Enfin, vous êtes tout de même resté six mois à Mazas ! » L'autre répond : « Oh ! une prison démolie ! »

MOI

Maintenant, je vous ramène à la guerre....

M. CLEMENCEAU

Quelle guerre ?

MOI

Celle de 14.

M. CLEMENCEAU

Ah ! j'en ai tant vu !

---

1. M. Clemenceau avait organisé une manifestation qui devait se dérouler place de la Bastille le 24 février 1862. Il s'agissait d'aller célébrer l'avènement de l'ère républicaine.

Le 11 avril, raconte M. Camille Ducray, Me Hubard étant son défenseur, Clemenceau s'assied sur les bancs de la 6e chambre correctionnelle et le tribunal de rendre son jugement :

« Attendu qu'il est établi par l'instruction et les débats que, le 23 février, Clemenceau a commis le délit de provocation directe, non suivie d'effet, à un attroupement armé ;

« Qu'il a, en effet, écrit, distribué pour être affiché et a affiché lui-même un certain nombre de placards dans lesquels il convoquait une catégorie d'individus à se rendre dans un lieu déterminé, dans le but d'y former un attroupement pouvant troubler l'ordre public ;

« Condamne Clemenceau à un mois de prison et à la moitié des dépens. »

En ce temps-là la prison préventive ne se confondait pas avec la peine.

MOI

On vous a reproché de ne pas avoir cherché à dissocier l'Allemagne...

M. CLEMENCEAU

Comme c'était commode ! Comment voulez-vous dissocier l'Allemagne ? Vous ne voyez donc pas ce qui se passe aujourd'hui ? Il faut bien vous dire que j'étais seul à représenter l'intérêt continental. En face de moi il y avait l'Angleterre et l'Amérique.

MOI

Car il est bien certain qu'avec toutes ces dynasties chassées de tous leurs trônes l'Allemagne est plus unie que jamais...

M. CLEMENCEAU

Et après ? Je le sais bien ! Comment aurait-il pu en être autrement ? L'affaire Dorten montre bien ce qu'on pouvait espérer dans ce sens-là. Dans une ville occupée par une garnison française, sous les yeux de nos soldats et de leurs chefs, les Boches se sont emparés des Rhénans qui voulaient faire bande à part, instaurer et entretenir des relations diplomatiques cordiales avec la France, — enfin, la grande idée de Mangin et de Poincaré, — et ils les ont égorgés. Ils leur ont ouvert le ventre... des choses effroyables ! Dissocier l'Allemagne ! C'est comme ceux qui m'ont fait un crime de m'être contenté des frontières de 70. Ils auraient voulu celles de Charlemagne... J'ai essayé d'avoir Landau. Un jour je l'ai dit à Balfour : « Avant Waterloo nous avions Landau ; c'est un coin de terre française. Je ne vous le demanderai pas mais si vous me l'offriez, je serais content. » Balfour a posé sa main sur mon épaule et m'a dit : « Mon pauvre ami ! » Mais songez donc que deux jours avant de déposer le Traité on a failli tout remettre en question ! C'est là que Wilson m'a dit : « Vous n'allez pas me renvoyer devant mon pays sans que rien ait été fait ! » Je lui ai répondu : « J'en serai désolé. Mais je ne pourrai qu'aller vous reconduire au bateau. » C'est comme ça que j'ai eu la Sarre… Et qu'est-ce qu'on en a fait, de la Sarre ? Demandez à Poincaré et à Briand ce qu'on a fait de la Sarre ! Demandez-leur ce qu'on est en train de faire de l'Alsace !

Je me lève.

M. CLEMENCEAU

Vous savez ce qui est arrivé à Piétri un jour à Java ? Il me dit : « Écoutez ! je crois bien que j'ai tapé dans l'œil de la femme du Préfet de Police ! » Bigre ! Je me renseigne… Qu'est-ce que je découvre ? C'était la femme du Sous-Préfet de Police !

PIÉTRI

Comme Martet est en train de prendre des notes pour l'Histoire…

M. CLEMENCEAU

Ah ! oui, c'est vrai ! Martet est là, il écoute…

PIÉTRI

Spécifiez bien que ça se passait à Bandoun.

M. CLEMENCEAU

Et quand Piétri est parti, on entendait cette malheureuse sur le rivage, qui chantait :

Nicolas ! Nicolas !

Ne m'abandonne pas !

Il y a des drames dans la vie de Piétri. Au revoir. Alors venez. Venez souvent. Questionnez. Poussez-moi des bottes. Je répondrai. (*En nous reconduisant.*) Il y a eu aussi ces gens qui m'ont reproché — on m'a tout reproché ! tout ! — d'avoir dit à Czernin : « Vous êtes un menteur ! » Briand me disait une fois, avec sa voix : « Vous avez eu tort. Je n'aurais pas parlé comme ça. » Sacré Briand ! Avouez que cette planète est tout de même une bien drôle de chose...

IX

« IL Y A DES CONSCIENCES POURRIES ! »

C'est dans la journée du 28 mars 18 que l'offensive allemande sur le front franco-anglais se trouva brisée.

Le premier communiqué français annonçait la perte de Montdidier ; le second (celui de 23 heures) disait :

L'ennemi, continuant, avec de puissants moyens, sa poussée dans la région de Montdidier, a tenté, dans la journée, d'élargir son gain à l'ouest et au sud de cette ville.

Mais, dans un magnifique élan, nos troupes ont contre-attaqué l'ennemi à la baïonnette et l'ont jeté hors des villages de Courtemanche, Mesnil, Saint-Georges et Assainvilliers, dont nous nous sommes emparés et que nous tenons solidement.

L'avance ainsi réalisée sur une dizaine de kilomètres dépasse deux kilomètres en profondeur.

C'est la première réaction sérieuse de nos troupes. Les réserves sont arrivées.

Le 29, « *nos troupes, complétant leur succès, s'emparent de haute lutte de Monchel.* » Le communiqué signale « *la résistance indomptable de nos troupes.* » *Nous contenons victorieusement l'ennemi.* Ce jour-là Pershing s'est présenté à Foch : « Tout ce que nous avons est à vous. Disposez-en comme il vous plaira. » On sent tomber dans le plateau le poids formidable de cette épée neuve.

Et voici la journée du 30. La bataille a repris « *sur un front de 40 kilomètres, depuis Moreuil jusqu'à Lassigny.* » (Communiqué de 14 heures.) Le front s'élargit. « *La lutte fait rage sur 60 kilomètres.* » (Communiqué de 23 heures.) Partout la poussée de l'ennemi est arrêtée. Gros effort boche. Gros et lourd échec.

Le 31, confirmation de l'échec. « *Moreuil, pris par l'ennemi, repris, reperdu, a été repris à la baïonnette par les troupes franco-anglaises confondues dans les mêmes rangs.* » Le 1er avril, la bataille continue ; tous les assauts ennemis sont repoussés. M. Clemenceau part le matin de Paris, accompagné de M. René Renoult. Il rentre le 2 ; le danger est passé. M. René Renoult se déclare « enthousiasmé ».

C'est fini, — pour cette fois...

Alors, le fer ayant échoué, — autres armes et autre tactique. L'Affaire Czernin.

Le 2 avril, le Comte Czernin, « ministre de la maison Impériale et Royale et des Affaires Étrangères d'Autriche-Hongrie », reçoit une délégation de la municipalité de Vienne. Il prononce naturellement un discours et dit : « M. Clemenceau, quelque temps avant le commencement de l'offensive sur le front occidental, me fit demander si j'étais prêt à entrer en négociations et sur quelles bases. »

Le 3 avril, le discours est connu à Paris. M. Clemenceau est parti le matin pour le front. On le lui téléphone. Note du gouvernement qui paraît le 4 dans les journaux : « A la lecture de la dépêche... M. Clemenceau a fait cette simple réponse : « Le Comte Czernin a menti. »

Le 6, les journaux publient une nouvelle note : « M. Clemenceau en arrivant au pouvoir a trouvé des conversations engagées en Suisse, sur l'initiative de l'Autriche, entre le Comte Revertera, ami personnel de l'Empereur, et M. le Commandant Armand, du 2e bureau de l'Etat-Major, désigné à cet effet par le Ministre de la Guerre de l'époque. Il n'a pas cru devoir interrompre ces conversations. Mais il a donné cette consigne : *Écouter et ne rien dire.* »

La parole est aux Habsbourg. Les journaux du 9 publient une longue note du gouvernement autrichien : « Les conversations ont eu lieu les 22 et 23 août 17. Elles ont été reprises en janvier 18 sur l'ordre de M. Clemenceau... »

M. Clemenceau répond : « *Le mensonge délayé demeure le mensonge.* »

Et les journaux français du 12 donnent une

lettre de l'Empereur d'Autriche au Prince Sixte de Bourbon, son beau-frère, lettre qui a été communiquée, le 31 mars 17, au Président de la République. On lit : « *Je te prie de transmettre secrètement et inofficiellement à M. Poincaré que j'appuierai, par tous les moyens, les justes revendications françaises relatives à l'Alsace-Lorraine... Il faut travailler à préparer un terrain d'entente sur la base duquel des pourparlers officiels pourraient être engagés.* »

Journaux du 14 : Le Gouvernement autrichien déclare : « *La lettre est fausse.* » D'où cette réplique fameuse de M. Clemenceau : « *Il y a des consciences pourries.* » « Le document original a été communiqué, en présence de M. Jules Cambon, Secrétaire Général du Ministère des Affaires Étrangères et délégué par le Ministre, à M. le Président de la République, qui, avec l'autorisation du Prince, en a transmis la copie à M. le Président du Conseil. »

Dans cette note de M. Clemenceau il y a mieux que ces « consciences pourries. » Il y a : « *Dans l'impossibilité de trouver un moyen de sauver la face, l'Empereur Charles tombe en des balbutiements d'homme confondu...* »

Devant ce style nouveau : « Le Comte Czernin a menti... Il y a des consciences pourries... Balbutiements d'homme confondu... » devant ces communications de documents ultra-confidentiels et ces espèces de vastes « directs » du droit et du gauche, qui traversent l'Europe... pan !... pan !... grand émoi dans le camp de la diplomatie traditionnelle. Je me rappelle M. Jules

Cambon... Cet homme si courtois et si mesuré en était véritablement tout pantois. Il levait les mains au ciel. Il me regardait pendant quatre ou cinq secondes et je croyais qu'il allait m'ouvrir son cœur. Il se contentait de me taper tristement sur l'épaule en hochant la tête et il repartait... Il s'attendait aux pires choses. On n'avait encore jamais poussé ces rugissements de tigre... Qu'allait-il se passer ?

Ceci :

L'Empereur Charles télégraphie le 16 avril à Guillaume : « Je n'ai pas l'intention de continuer à discuter plus longtemps avec la France »... Et ce même 16 avril les journaux annoncent : « On mande de Vienne que le Ministre de la Maison Impériale et Royale et des Affaires Étrangères, Comte Czernin, a présenté sa démission à l'Empereur, qui l'a acceptée. »

C'est le dernier ministère que M. Clemenceau « flanquera par terre ».

Quelque chose vient de craquer là-bas.

Et le 17, à l'aube, dans les fossés de Vincennes, on fusille un homme : Bolo.

Aucun rapport, naturellement, entre Bolo et les conversations de Suisse. Mais il y a dans cette fusillade... rrran !... comme une farouche conclusion à ces jours troubles où le mot de *paix* avait été prononcé.

X

VOYAGES

OSMAN DIGMA ET KITCHENER

L'ESCLAVE DU MAHDI

LES BAYADÈRES. — LES MISSIONNAIRES

POURQUOI M. CLEMENCEAU EST NÉ A

MOUILLERON-EN-PAREDS

12 juin 1928.

M. CLEMENCEAU

J'ai rêvé de Psichari [1]... Qu'est-ce qu'il est donc devenu ?

MOI

Mais est-ce qu'il n'est pas mort, Monsieur ?

M. CLEMENCEAU

Je ne sais pas... les gens entrent, sortent... C'est un homme qui m'adorait. Il a dû mal finir [2].

[1]. L'écrivain.

[2]. Pendant la guerre, Psichari avait voué à M. Clemenceau un culte débordant et enflammé. Il passait ses journées à

MOI

Vous travaillez, Monsieur ?

M. CLEMENCEAU

Oui. Je ne suis pas content. Je suis dans une histoire d'où je ne sors pas. Pour comble de bonheur, l'autre jour, dans le jardin, je suis tombé...

MOI

Bon !

composer des sonnets à sa gloire, et, ces sonnets, il me les envoyait, à la cadence de cinq ou six par semaine :

25 décembre 1919.

Cher Monsieur,
Le voici tout fumant.
Mais à vous-même je dois vous imposer silence.
Pas un mot.
Le second est sous presse, — le plus beau.
Vôtre,

—

JEAN PSICHARI.

Suivait un sonnet intitulé : *Le Silence*, et qui commençait par ces vers :

Oui, vous l'avez tenu, le coup : ne point parler,
Agir !

Le lendemain :

26 décembre 1917.

Cher Monsieur,
Le voici, le sonnet le plus beau.
Eh ! bien, non ! Il me paraît moins réussi que les autres..,
etc...
Vôtre,

JEAN PSICHARI.

Suivait :

O Georges, qui de nous connaît votre âme grave ?
Et ces vers pour finir :
Vous savez nous cacher, d'une mâle allégresse,
Sous un poitrail de fer une âme de velours !

M. CLEMENCEAU

J'ai eu une peine énorme à me relever. J'étais plein de boue. Pendant deux jours j'ai eu une espèce de tremblement... Où est le temps où je sautais les ruisseaux du Marais[1] avec une perche ? J'avais voulu faire sauter Geffroy... Il n'a rien trouvé de mieux que de se casser le bras.

MOI

Vous ne vous êtes pas blessé dans votre chute ?

M. CLEMENCEAU

Non. Je ne crois pas. Ensuite, je me suis demandé si je n'avais pas trop de sucre. Je me suis fait analyser, — je n'en ai pas. Mais il est bien certain que je mange des choses qui ne me font pas de bien.

MOI

Ah ? pourquoi ?

M. CLEMENCEAU

Ah ! pourquoi ! parce qu'on se lasse de tout, même de se défendre... Et vous ? Qu'est-ce que vous devenez ?

MOI

Eh bien ! grande nouvelle ! J'ai décidé de ne plus aller en Orient !

M. CLEMENCEAU

Tiens ! Pourquoi ?

MOI

Pour travailler.

M. CLEMENCEAU

A quoi ?

1. En Vendée.

MOI

A quelque chose que je fais en ce moment.

M. CLEMENCEAU

De sérieux ?

MOI

Oui.

M. CLEMENCEAU

Bien. D'ailleurs, vous savez : les plus beaux voyages sont ceux qu'on ne fait pas. Ce qu'il y a de mieux dans le voyage c'est l'indicateur.

MOI

Je l'ai annoncé à ma femme...

M. CLEMENCEAU

Qui vous a sauté aux yeux ?

MOI

Non. Elle m'a dit : « Entendu. Restons. »

M. CLEMENCEAU

Eh bien ! vous pouvez dire que vous avez une femme comme on n'en fait plus ! Où irez-vous, alors ?

MOI

Dans un endroit qui s'appelle Tharon, du côté de Pornic. Le pays est horrible ; de cette façon je ne serai pas tenté d'aller me promener.

M. CLEMENCEAU

Je crois que vous avez raison. Nous serons voisins. Vous pourrez venir me voir. C'est à combien de chez moi ?

MOI

A moins de cent kilomètres ; si les routes sont bonnes, je serai chez vous en deux heures.

M. CLEMENCEAU

Si je ne peux pas vous loger chez moi, j'ai

une maison à côté ; vous y serez tout de même mieux que sur un banc... Vous amènerez votre femme ?

MOI

Si vous le permettez.

M. CLEMENCEAU

Je crois que ce tour de la Méditerranée que vous vouliez faire n'était pas une chose pour vous. Vous comprenez : la Syrie, la Palestine, Jérusalem, tout ça c'est une espèce de pouillerie... Quand j'étais à Alexandrie, je me suis demandé : Faut-il y aller ? J'ai lu des choses là-dessus ; ça m'a retiré toute envie d'en approcher... Où alliez-vous aussi ?

MOI

Nous faisions un petit tour en Égypte ; nous remontions jusqu'à Constantinople, redescendions par Athènes...

M. CLEMENCEAU

Eh bien ! vous ferez ça plus tard ; vous ferez ça comme il faut le faire. Pour l'Égypte seule il faut un voyage. Ou alors c'est une plaisanterie. Il faut voir Khartoum. Une fois, à Khartoum, en me montrant une femme qui passait, avec je ne sais quoi sur le dos, quelqu'un me dit :

« — Ça, c'est une esclave.

« — Ah ? à quoi voyez-vous ça ?

« — A une marque qu'elle a...

« Il faut voir le Nil Blanc et le Nil Vert se rejoindre sans se mêler... deux fleuves qui continuent d'avancer côte à côte... C'est à Khartoum que les Anglais de Kitchener ont flanqué cette frottée aux Madhistes. J'ai vu, à Wadi-Halfa, en prison, le second du Mahdi... comment s'appelait-il ?... Osman Digma [1]... un bonhomme avec des yeux comme ça... des charbons ! une grande barbe... Sa prison était une espèce de chose d'où on pouvait s'en aller exactement comme on voulait et pour peu qu'on en eût envie. Osman Digma ne songe pas du tout à s'en aller. Ce qui est bien la preuve qu'il n'y a que les prisons où on soit tranquille...

MOI

Et libre ?

M. CLEMENCEAU

N'en doutez pas ! et libre ! si vous prenez : *liberté* dans son sens noble... Il reste là, assis sur une botte de paille, appuyé au mur, et il passe ses journées à réciter des prières. Je ne sais pas ce qu'il peut manger : des bouts de bois... il est très heureux... Quand je suis entré, il s'est levé, — je raconte l'histoire dans « *Au Soir de la Pensée* » — il m'a dit :

« — Ah ! Monsieur Clemenceau !

« On lui a demandé :

« — Mais vous connaissez donc M. Clemenceau ?

« — Certainement ! et je l'attendais...

« On en dit une bien bonne sur Osman Digma... Kitchener était allé le voir un jour. Il entre. Il lui dit :

« — Vous ne me reconnaissez pas ?

« — Non.

---

1. Voir *Au Soir de la Pensée.*

« — Je suis Kitchener.

« — Ah ? Kitchener ?

« Il n'avait jamais entendu parler de Kitchener. Et Kitchener, qui venait là pour l'épater, pour l'écraser sous le poids de ses lauriers... il est sorti navré. Ça échappait à sa cervelle de soldat.

« Eh bien ! un jour, le Gouverneur était à la chasse, par là. Il y avait un homme qui portait ses paquets. L'homme lui dit :

« — Pardon, Monsieur le Gouverneur, est-ce que vous avez l'intention de relâcher Osman Digma ?

« — Eh bien ! dit l'autre, vous savez, nous le retenons un peu en dépit de tout droit. Mais il ne fait pas de bruit, il n'a jamais d'histoires ; je crois que nous le garderons comme ça jusqu'à la fin.

« Alors l'homme lui répond :

« — Vous ferez aussi bien. Parce que moi, je vous préviens d'une chose : il a crevé les yeux de mon père, les yeux de ma mère, violé ma sœur... Il ne serait pas sorti de prison depuis une heure, que je l'aurais égorgé. Et je ne suis pas le seul à avoir pour lui ces sentiments-là.

« Osman Digma — à part ce léger travers — est un homme tout à fait bien.

« Et l'Égypte est un beau pays.

« A Khartoum le Gouverneur habite dans une espèce de bâtisse où les fenêtres sont totalement dépourvues de carreaux. Il paraît que ça gênerait. Un jour nous mangions là. Il y avait des oiseaux qui avaient fait leur nid derrière un tableau... En plein milieu du repas ils ont fichu le camp.

« Vous aimez les arbres ?

MOI

Je trouve que c'est un accessoire qui fait assez bien dans le paysage...

M. CLEMENCEAU

Eh bien ! en Égypte, il y a des arbres.. oui, enfin des espèces d'arbres... des palmiers, qui ressemblent à des plumeaux, et des baobabs, qui sont des sortes de grosses tours, énormes, avec, en haut, des branches où poussent des sortes de noix. C'est très laid. Les paysans creusent le tronc, mettent là-dedans du ciment : ça fait des citernes, où l'eau des pluies vient croupir. On boit cette eau : c'est abominable.

Un jour, nous étions au pied d'un de ces arbres et nous essayions d'abattre des noix ; il n'y avait rien qui pût nous y aider : ni pierres, ni morceaux de bois. Nous jetions des crottes de chameau. Nous regardions en l'air. Nous avions l'air un peu stupide. Il y a une femme qui est arrivée, vieille, laide, qui nous a dit : « Vous savez : dans le temps, j'ai été quelqu'un de très bien, j'ai été belle, — j'ai été l'esclave du Mahdi ! » Comme elle aurait dit : « J'ai été la reine du monde ! » Et elle a ajouté : « Et quand les hommes prenaient leur plaisir avec moi, eh bien ! vous pouvez me croire, ils ne le regrettaient pas ! » Comme elle aurait dit : « J'avais tous les prix de ma classe ! »

« Voyagez, Martet. Vous verrez comme le monde est drôle. Un jour, je chassais je ne sais quoi... le marabout ou la grue huppée... Le marabout est un animal sympathique. Je me lierais assez volontiers avec un marabout. On dirait absolument un paysan qui se rend à son travail. J'étais là avec mon fusil, je regardais ce bétail, — je ne pensais même pas à tirer, — et, tout à coup, voilà que tout cela s'envole, et je vois paraître un homme avec des lunettes d'or. Je lui demande :

« — Mais qu'est-ce que vous faites là ?

« Il me répond :

« — Je suis un missionnaire hollandais.

« — Ah ! Ah ! Et est-ce que vous réussissez à peu près dans votre entreprise ?

« Il me répond :

« — Ils sont un peu obstinés.

« Je lui ai demandé :

« — Êtes-vous bien sûr qu'ils n'en disent pas autant de vous ?

MOI

Comme si l'Égypte n'avait pas eu assez de dieux...

M. CLEMENCEAU

Un autre jour nous suivions le Nil. Voilà un homme qui portait deux paires de bretelles pour soutenir un tiers de pantalon et qui m'interpelle en me demandant qui j'étais. Je lui dis :

« — Et vous ?

« — Moi, je suis l'évêque américain de la station.

« Alors je me suis nommé. Il m'a emmené chez lui. Il vivait là, dans une espèce de maison en toile métallique, contre les moustiques, avec une femme assez désagréable, qui, à elle seule, devait bien valoir quelques milliards de moustiques et trois ou quatre pluies de sauterelles. Il avait dû se marier à la suite d'un péché grave, pour se mortifier.

« J'ai voulu savoir comment les indigènes s'y prenaient pour faire du feu avec deux bâtons. La femme de l'évêque ne voulait pas :

« — Pas ici ! Faites ça dehors !

« J'ai dit :

« — Non, Madame ! Il faut faire ça ici !

« — Vous allez me brûler mon tapis !

« — On vous l'éteindra ! Allez ! Allumez !

Comme vous voyez : une femme insupportable. Alors j'ai vu comment on faisait le feu... Il y a un homme qui a pris un bout de bois dur et un bout de bois tendre ; dans le bout de bois tendre il a fait une sorte de trou avec la pointe de sa lance ; il a épointé le bout de bois dur, il l'a fait tourner dans sa main... il y a eu de la fumée, il a soufflé dessus, — et ça a fait une flamme.

MOI

Mais est-ce qu'ils ne font pas du feu aussi en tapant deux cailloux l'un sur l'autre ?

M. CLEMENCEAU

Non. Car une chose que vous ignorez, — vous êtes d'une ignorance ! qu'est-ce qu'on vous a appris ?

MOI

Au bachot il y a un homme qui m'a interrogé sur les comètes. Je n'ai pas été fichu de dire de quoi leur queue était faite.

M. CLEMENCEAU

C'est effrayant ! Mais alors vous ne devez rien comprendre à rien ?

MOI

Pas grand' chose... Mais il y a donc à comprendre ?

M. CLEMENCEAU

Il y a à se poser des questions. Posez-vous donc celle du silex. Deux silex entrechoqués ne donnent pas d'étincelles.

MOI

Ah ! Pourquoi ?

M. CLEMENCEAU

Parce qu'il faut du fer.

MOI

Pourquoi ?

M. CLEMENCEAU

Parce que c'est ainsi. Quand j'étais jeune, à Mouilleron-en-Pareds, je frottais comme ça des pierres les unes sur les autres. Ça donnait une lueur phosphorescente et qui avait une sorte d'odeur, — oui, c'est assez étrange. J'ai cherché d'où pouvait venir cette odeur...

MOI

Qu'est-ce qu'a dit la Science ?

M. CLEMENCEAU

Qu'elle n'en savait rien. Dans tout cela pas l'ombre d'une flamme. Car ce qui donne la flamme, ce sont les particules de fer qui se détachent ; alors, au contact de l'air ça s'enflamme.

« Mon évêque avait six domestiques, des femmes qui passaient tout leur temps, avec des cruches sur la tête, à aller chercher de l'eau au Nil, pour emplir une sorte de citerne. Il avait l'air de trouver ça très bien. Ça devait lui rappeler la Samaritaine. Il avait taylorisé la Samaritaine. Il m'a emmené à son église, une espèce de cabane, avec deux ou trois bancs, dont l'un avait trois pieds, une chaire qui était faite d'une vieille caisse à savon défoncée, — et voilà. Je lui ai demandé :

« — Vous avez beaucoup de fidèles ?

« — Eh bien ! m'a-t-il répondu, j'en ai six, mes six domestiques. Mais quand je les flanque à la porte, elles retournent à leur religion ; autrement ça leur attirerait des désagréments ; on ne les saluerait plus.

MOI

C'est un succès.

M. CLEMENCEAU

Ça n'est pas mal. Pour cela il reçoit cinq mille dollars. Je crois qu'ils sont cinq ou six comme ça. Mettez de la chaleur sur tout ça, le bruit énorme que fait le soleil, qui fait tout vibrer, tout bouillir, tout craquer, mettez le Nil : vous avez l'Égypte. Et sur les bords du Nil, vous voyez des gens qui sont installés là, qui fabriquent des espèces de bateaux avec un bois dur comme de la pierre, dont ils ont retiré la moelle. Avec ça, ils chassent l'hippopotame.

MOI

Ah ! il y a des hippopotames ?

M. CLEMENCEAU

Il y a. Les chasseurs ont un arc, une flèche, une ficelle, — ils lancent ça sur la bête ; quand l'hippopotame en a assez, ils tirent sur la ficelle ; on voit apparaître une espèce de grosse masse, un peu ridicule, qu'on mange.

MOI

Et le désert ?

M. CLEMENCEAU

C'est curieux. Je l'ai traversé. Des carcasses de chameaux ; des sortes de perdrix blanches... Mais il y a de quoi crever. Une fois, j'ai dormi dans le train. Ce fut comme si j'avais dormi dans un four. Il y en a un d'entre nous qui a eu une idée assez ingénieuse : pour dormir il s'est installé dehors, par terre. Alors des gens sont venus. Il a reçu une énorme volée de coups de trique... Il n'a pas recommencé.

« Je suis allé à Berber. C'est là que de Port-Soudan on apporte la gomme, à dos de chameau. Ça c'est un truc très impressionnant. Parce que vous avez ces femmes sous la tente, qui roulent entre leurs doigts les boules de gomme et qui les lancent en l'air, pour les débarrasser des poussières. Comme la tente est traversée de flèches de soleil, il y a ainsi des milliards d'étoiles qui dansent, silencieusement. Allez voir ça.

MOI

Mais vous êtes allé partout...

M. CLEMENCEAU

Je suis allé dans des endroits où on m'a dit par la suite qu'il aurait peut-être mieux valu que je n'allasse pas. Ce sont des gens très gentils, très aimables, mais on sent que pour un oui ou pour un non ils vous couperaient le cou ;

ils n'attachent à ce geste aucune espèce d'importance.

MOI

Qu'est-ce que vous avez vu de plus beau ?

M. CLEMENCEAU

Ah ! c'est la seconde cataracte ! Un volcan de pierres noires. Je vous l'ai déjà raconté ? Notre bateau, — un petit vapeur tout démantibulé, — a failli sombrer. Il y a un Arabe qui est venu nous dire qu'il enfonçait. C'était bien le dernier endroit où il fallait faire naufrage ; car il n'y avait rien... J'ai entendu qu'on tapait sur du fer ; on a rafistolé ça comme on a pu ; grâce à quoi le bateau a pu attendre qu'on fût au port pour aller au fond.

MOI

Et Karnak ?

M. CLEMENCEAU

Eh bien ! à Karnak, vous voyez ce que c'est qu'une colonne : ces papyrus assemblés d'où émerge un bouquet de verdure, qui est le chapiteau. Il y a des colonnes qui sont des monuments. Quand vous comparez ça aux petites colonnes grecques du Parthénon, de l'Esclapieion. Il y a de quoi se tordre... Où est-ce donc qu'il y a ces deux grands bonshommes ? Ils ont l'air de sourire... un sourire... il n'y a que dans la vallée du Nil qu'on a connu ce sourire-là. Il ne faudra d'ailleurs pas vous borner à l'Égypte, Martet. Il faut voir l'Inde.

MOI

Je sais, Monsieur. Il faut tout voir.

M. CLEMENCEAU

L'Inde est quelque chose de fou. Vous savez qu'il n'y a pas très longtemps que les Anglais sont arrivés à interdire le bûcher où l'on faisait rôtir la veuve. Mais il reste encore le mariage de ces enfants de dix ans avec des hommes de soixante. Le lendemain elles sont dans un tel état qu'elles entrent à l'hôpital. Il y a une Américaine qui a vu ça et qui, payée sans doute par les Anglais, raconte là-dessus des choses... des horreurs...

MOI

Quelle opinion avez-vous des bayadères, Monsieur ?

M. CLEMENCEAU

Eh bien ! une fois, j'arrivais près d'une ville, je ne sais quelle ville, sur les bords de je ne sais quel fleuve sacré, il y a une demi-douzaine de très belles femmes qui sont arrivées, qui m'ont entouré. Je leur faisais des signes. Je croyais que c'étaient des femmes comme toutes les femmes. L'Anglais qui était là m'a dit :

« — Au nom du ciel ! je vous en supplie, Monsieur, ne leur parlez pas !

« — Ah ! pourquoi ?

« — Si vous leur parlez, ça va être un scandale horrible ! Quand on parle à ces femmes-là, on est déshonoré ! Ce sera demain dans tous les journaux !

« Brrr ! J'ai eu peur du *Petit Banarésois* et du *Phare d'Haïdarabad !* Alors je les ai fait danser. Elles ont exécuté des choses assez médiocres qui m'ont rappelé, en moins exotique, l'Exposition Universelle de 78, et j'ai continué mon chemin.

MOI

Vous avez dû rencontrer là-bas aussi des missionnaires ?

M. CLEMENCEAU

Tiens ! A... je ne sais où... dans la jungle... il y a deux missionnaires qui m'avaient vu sur le front. Ils ont voulu revenir me voir. Je leur ai demandé :

« — Eh bien ! qu'est-ce que vous faites là ?

« Ils m'ont dit :

« — Les indigènes s'embêtent ; alors nous leur racontons des histoires, nous jouons avec les enfants.

« — Est-ce que vous leur parlez aussi de votre religion ?

« — Oh ! oui, aussi... à l'occasion...

« Il y a une chose bien crevante : ce sont les castes. Il y a un radjah qui n'a pas voulu dîner avec moi parce que ça l'aurait souillé. Moi, comme je ne tenais pas spécialement à dîner avec lui, je me suis contenté de m'asseoir à sa table, j'ai présidé le dîner, et, après le repas, il est venu, nous nous sommes assis sur les divans, nous nous sommes mis à raconter des blagues : voilà les castes.

MOI

Les femmes ?

M. CLEMENCEAU

Elles m'ont eu l'air assez médiocres. Elles ne savent que rire et faire des enfants. Elles passent leur vie à être enceintes. Et quand on leur dit :

« Alors ? Encore un ? » elles rient. C'est effrayant.

MOI

Ils sont heureux, ces gens-là ?

M. CLEMENCEAU

Là où on les force à travailler, non. On veut leur flanquer de la civilisation, leur faire faire des routes, des ponts ; ils ne comprennent pas, et ils crèvent. Mais je me rappelle un jour : nous suivions un chemin, en auto. Il y avait des crocodiles qui traversaient ce chemin pour se rendre d'une mare à l'autre... On apercevait des chemins qui coupaient et qui s'enfonçaient dans la jungle. Ça me rappelait tout à fait les petits chemins creux de la Vendée. J'ai dit à l'homme qui me conduisait :

« — Allons donc par là voir un peu.

« On s'engage là-dedans. On n'est pas allé bien loin. Au bout de vingt minutes il a fallu s'arrêter : le chemin était devenu une sorte de chaos, avec des pierres, des arbres. Alors il y a tous ces gens qui vivent dans la jungle, qui sont venus, qui se sont mis à nous raconter des choses. Ils avaient l'air assez enchantés de vivre.

MOI

Mais les famines ?

M. CLEMENCEAU

Il y a les famines. Alors les gens claquent comme des mouches. C'est entré dans les mœurs... Il y a des pays où on meurt d'artériosclérose ou d'alcoolisme. Là-bas on crève de faim. Dans tout mon voyage j'ai aperçu un seul vieillard. Il faut voir ce qu'ils mangent ; une espèce de confiture noire qui a goût de poisson pourri. Les chiens ! des espèces de squelettes qui déambulent, — pas une once de chair ! et des yeux affolés de faim ! Il n'y a rien : pas même de détritus. Ils bouffent ce qu'ils trouvent : des pierres.

« A cause de ces veuves réduites en esclavage et de ces petites filles violentées sous prétexte de mariage, l'Inde donne un peu le frisson. Les Anglais montrent ça et disent : « Voyez-vous ? On a tout de même bien fait d'apporter la civilisation à ces gens-là ! » Mais il leur suffirait d'interdire toutes ces horreurs et ça disparaîtrait. Il y aurait peut-être quelques troubles... Il suffirait de flanquer quelques coups de fusil à ces gens-là : tout le monde serait pour les fusilleurs[1].

1. M. Clemenceau partit de Paris le 21 septembre 1920. Il s'embarqua à Marseille sur le *Cordillère*. De Port-Saïd il télégraphiait, le 27 : « Bonne traversée. Bonne santé. Tout bien. » De Colombo, le 11 octobre : « Très bonne santé. Temps excellent. Dimanche et lundi en excursions. » De Singapour, le 17 : Bien arrivé. Très bonne santé. Repartirai vendredi Batavia. » Puis ce fut l'Inde. Il y resta trois mois. Le 13 février 1921, il télégraphie de Mysore : « Tout très bien. Partirons Colombo 23. Sauf imprévu, serons Marseille 13 mars. »

Il fut admirablement accueilli par tous ces radjahs.

« *It was a great privilege to me to meet a Statesman like yourself who has won such a worldwide fame and has done so much for France and her Allies* », lui écrivait le radjah de Bangalore. Le sultan d'Hyderabad : « Vous êtes parti après avoir conquis l'armée des cœurs du peuple hindou : une armée qui sera toujours avec vous loyalement et toujours prête à se sacrifier. *The only government which remains always successful is the one which conquers the hearts of its people and there seems to be no doubt that you have a peculiar and special gift in this direction.* »

MOI

Mon prochain voyage ne sera pas pour l'Inde.

M. CLEMENCEAU

Ah ? ce sera pour où ?

MOI

Pour la Grèce.

M. CLEMENCEAU

Vous avez raison. Il faut toujours commencer par la Grèce. Il faut même toujours finir par elle.

MOI

Malgré les Grecs. Après Périclès c'est ennuyeux de trouver installés là des Pangalos...

M. CLEMENCEAU

Il est certain que c'est fâcheux. Ils n'ont hérité de leurs ancêtres que leur bavardage. Ils sont bavards ! Vous les verrez, tout en mangeant des espèces de choses qu'ils appellent des artichauts et qui sont tout bonnement des chardons... ils trempent ça dans du sel... et ils parlent, ils parlent, — intarissablement. Il faut voir Olympie. Vous savez qu'à Olympie, Pausanias, au IIe siècle, a encore vu des colonnes en bois ? Je suis allé à un endroit où on m'avait dit qu'il était impossible d'aller, et, effectivement, ça n'est pas commode : à Phigalie.

MOI

Où est-ce ?

M. CLEMENCEAU

Dans le nord du Péloponèse. Dans un endroit qui était plein de temples. Vous les verrez encore par terre. On se promène parmi des architraves. Ça a une gueule impressionnante. Voyez aussi Agrigente, Syracuse...

MOI

Paestum !

M. CLEMENCEAU

Voyez, naturellement, Paestum !

> *Albert annonce : M. Jaeger.*

M. CLEMENCEAU

Oui. Dans mon cabinet. C'est le gendre du Dr Bucher[1].

MOI, *en me levant.*

Je me sauve. Auparavant je voudrais vous demander pourquoi vous êtes né à Mouilleron-en-Pareds.

M. CLEMENCEAU

Pourquoi je suis...

MOI

Oui.

M. CLEMENCEAU

Ah ! vous êtes là-dessus, maintenant ? C'est extrêmement simple : parce que ma mère, qui était de petite bourgeoisie, — un frère de son père était notaire à Saint-Jean-d'Angély, — alors que les Clemenceau étaient de la bourgeoisie d'avant la Révolution, ce dont ils étaient fiers comme des paons ; — ma mère n'a pas voulu faire ses couches à l'Aubraie, où elle se serait trouvée avec son beau-père, qui ne l'aimait pas. Elle est allée s'installer à Mouilleron chez ses parents.

---

1. Directeur de l'*Alsace Française.*

MOI

Les Clemenceau étaient de l'Aubraie ?

M. CLEMENCEAU

Non. Les Clemenceau étaient de Mouchamps. Vous ne connaissez pas le Colombier ? C'est le petit château de la famille. Ça dépend de Mouchamps... Je vous mènerai voir ça : la maison où je suis né, à Mouilleron, et le bout de terre où je serai enterré, au Colombier. C'est de ce point à cet autre que se sera déroulé mon triste arc-en-ciel...

« Mon père était médecin, mon grand-père était médecin. Il allait voir ses vaches en cravate blanche et chapeau haute forme. Quand il me rencontrait dans la cour du château, il me demandait :

« — Où vas-tu, petit ?

« Je lui disais :

« — Je vais à la cuisine.

« Il répondait :

« — Ta place n'est pas à la cuisine ; elle est au salon.

« Au salon, en fait de distractions, il y avait ma tante, qui lisait Mme de Sévigné. C'était assez maigre. Quand j'ai pu monter à cheval, galoper dans les champs, la vie a été belle. Jusque-là c'était à crever. Je comprends que ma mère ait mieux aimé faire ses couches ailleurs.

MOI

Mais comment l'Aubraie[1] était-il entré dans votre famille ?

1. Il y a dans *Les Plus Forts* la description d'un château qui ressemble trait pour trait à l'Aubraie : c'est le manoir d'Henri

M. CLEMENCEAU

C'est mon arrière-grand-père qui l'avait eu de sa femme. La famille de sa femme en était très fière et toujours pour la même raison : ils avaient eu ça avant la Révolution. Ça n'était pas un bien national.

MOI

Et votre arrière-grand-père ? Qu'est-ce qu'il faisait ?

M. CLEMENCEAU

Il était médecin aussi. Il avait été des Cinq-Cents. Après quoi on l'avait nommé sous-préfet d'une sous-préfecture qui n'existe plus : Montaigu. Il en avait profité pour faire des discours, des proclamations, etc., à la gloire de Napoléon, tant qu'on avait voulu.

> *Sur la table j'ai aperçu une brochure : « Clemenceau's geistliches Vermaechtnis ».*

MOI

Ah ! Ah !

M. CLEMENCEAU

Oui. C'est d'un Boche. Il doit violemment m'engueuler. *Vermaechtnis ?* Qu'est-ce que ça veut dire ? *Impuissance ?*

MOI

Non. *Puissance.*

---

de Puymaufray. « *Dans le quadrilatère de ses douves d'eau boueuse, le château, blafard parmi les tristes nuées, dresse l'inexpressive façade de ses trois étages à fenêtres croisillonnées, lugubrement noires. Le pont-levis, dont les poutres branlantes sont depuis deux siècles encastrées dans la pierre, s'accule à la voûte surmontée de créneaux qui fait l'accès de la forteresse* », etc.

M. CLEMENCEAU

Ah ? tiens ? Vous êtes sûr ? Ça m'étonne... Ver... Ver... (*Il passe dans le couloir et cherche un livre dans la bibliothèque.*) J'avais un dictionnaire allemand. Mais tout fout le camp ici. Il doit y avoir quelqu'un qui les mange... Ah ! le voilà. (*Il se met à le feuilleter.*) Ver... ver... vermaechtnis... Puissance... Tiens ! C'est rigolo !

MOI

La puissance spirituelle de Clemenceau. Il ne vous engueule toujours pas dans le titre.

M. CLEMENCEAU

Ces Boches... tout de même ! hein ? c'est un peuple extravagant ! Il y a une dédicace de l'auteur qui prend dix lignes. Est-ce qu'il se fiche de moi ? Non... C'est simplement un homme qui n'a pas de rancune. De là vient leur grande supériorité. Ils ne s'énervent pas. Ils nous tomberont dessus juste quand le moment sera venu. (*Il se lève.*) Je vais recevoir le petit Jæger.

XI

LES ANCÊTRES DE M. CLEMENCEAU

Je me suis aperçu souvent que M. Clemenceau
n'était pas très renseigné sur l'histoire de sa famille. Heureusement, les sources abondent par
ailleurs[1]. En fouillant dans les archives nota-
riales et paroissiales de tous ces villages vendéens
qui s'appellent : Mouchamps, Mareuil-sur-le-Lay,
Saint-Michel-en-l'Herm, etc., on découvre qu'il
y avait, dans les temps, un certain Jehan Clemenceau, que protégeait Mgr de Sacierges, évêque de Luçon.

Jehan Clemenceau avait été envoyé en apprentissage chez les frères Marnef, qui étaient
imprimeurs à Poitiers. Il avait appris le métier.
Puis il était revenu dans son village natal, à Mareuil-sur-le-Lay, où Mgr de Sacierges avait son
château. Il avait ouvert atelier et boutique d'im-
primeur-libraire et avait épousé, le 12 janvier

1. Voir notamment une très remarquable étude de M. Henry
Cassira (*J'ai vu*, 15 décembre 18). M. Henry Cassira signale les
recherches effectuées par un archiviste, M. Louis Brochet.

1498, Isabelle Voyneau, dame de la Touche, de Dissais, près de Mareuil. L'imprimerie avait prospéré, Jehan Clemenceau était devenu personnage d'importance. Par lettres patentes du roi Louis XII, données à Blois le 5 février 1508, il avait été exempté de toutes charges publiques.

Jehan Clemenceau eut deux fils. Le cadet, Jacques, devint, en 1547, vicaire-général de Mgr d'Hilliers, qui avait succédé à Mgr de Sacierges ; il fut ensuite « grand chantre en dignités du chapitre cathédral », — ce qui est un bien beau titre.

L'aîné, François, sieur de la Cauffardière, fut sénéchal de Luçon et de Moustiers-sur-le-Lay. Le 23 janvier 1570, il enquêtait, en cette qualité, sur les déprédations commises par les protestants dans la demeure des évêques de Luçon à Moustiers et dans celle des chanoines.

François Clemenceau épousa demoiselle Jehanne Orceau, fille du procureur fiscal de la seigneurie de Moustiers-sur-le-Lay. Il en eut un fils, de qui sont issues les deux branches des Clemenceau de la Serrie et des Clemenceau du Colombier.

Les générations passent. Les Clemenceau font souche de Clemenceau. En 1623, le sieur Clemenceau, médecin à Nantes, homme habile dans son art, est anobli par lettres patentes du roi Louis XIII, qui lui accorde en fait d'armes parlantes : coupé, au un de gueules, à une clef d'argent ; au deux d'argent, à un sceau de gueules.

Le 8 mars 1709, naissait Pierre-Benjamin Clemenceau, qui devait être licencié ès lois, avocat au Parlement. Il épousait, en secondes noces, en

1748, Charlotte-Anne Bouquet, fille de Paul, seigneur de la Chadelière, et d'Anne-Louise Chapeau.

Un fils naquit le 29 mai 1749. Ce fut Pierre-Paul Clemenceau.

Pierre-Paul Clemenceau, après avoir exercé la médecine pendant quelques années, fut élu, le 11 septembre 1791, membre de l'administration départementale de Fontenay-le-Comte. En 1792, il est maire de la commune de Mouchamps.

L'insurrection de la Vendée éclate. Pierre-Paul Clemenceau est nommé médecin des Armées de l'Ouest[1]. Au début de l'an VIII, il est président de l'administration municipale du can-

---

1. Je retrouve sa signature sur le document suivant :

Liberté, Égalité, Fraternité.

Armée de l'Ouest.
Mois de Prairial.
An IIIe de la République.

Hôpital de la Chataigneraie.

Je soussigné, Directeur de l'Hôpital de la Chataigneraie, pour me conformer aux dispositions de l'article V du titre V de la loi du 20 novembre 1792, qui détermine le mode de constater l'état civil des citoyens, déclare au citoyen Joffriou, Officier public chargé de recevoir les actes de naissance, mariage et décès, que le citoyen Jean Servant, fusilier de la 7e compagnie du 5e bataillon de la Charente-Inférieure, natif de Bédenac, district de Montlieu, département de la Charente-Inférieure, est entré audit hôpital le dix-neuf du mois de prairial de l'an IIIe de la République, y est mort aujourd'hui, vingt et un du même mois.

Fait à la Chataigneraie le 21 du mois de Prairial, l'an IIIe de la République Française une et indivisible.

Signé : LE BLANC-KELLER.
Vu et certifié par nous Officier de Santé attaché au service de l'Hôpital.
Signé : CLEMENCEAU. P. P.

ton de Mouchamps. En floréal, il est nommé sous-préfet de Montaigu. C'est un fonctionnaire consciencieux et zélé. J'ai plusieurs de ses rapports au préfet de la Vendée : ce sont des modèles de style administratif : « Le soussigné croit devoir soumettre au préfet de la Vendée quelques observations relatives au mode employé dans plusieurs des communes de son arrondissement pour l'assiette des contributions ; sur l'abus ou fausse manière d'interpréter l'arrêté du citoyen Lefaucheux, concernant les moyens de faire rentrer ces contributions, et sur la difficulté qui s'élève relativement à la monnoye de billon... » « Le sous-préfet de Montaigu, persuadé des vues utiles et bienfaisantes dont la renommée a prévenu l'arrivée du nouveau préfet dans ce département, ne se permettra pas de lui parler de l'état de dégradation où se trouve la grande route de Nantes à la Rochelle... etc. » Pierre-Paul Clemenceau servait fidèlement l'Empereur ; on était content de lui. Un de ses chefs lui adressait, en l'an VIII, ce brillant certificat :

Il m'eût été difficile d'opérer le bien dans votre département si je n'avais été secondé par des fonctionnaires qui, comme vous, sont dévoués au gouvernement actuel ; le prix le plus flatteur de mes travaux, c'est le bonheur de vos malheureuses contrées ; vous en jouirez longtemps, je l'espère, et j'ose me promettre que la conscription marchera avec tranquillité : fidèle interprète des Vendéens, organe de leurs sages administrateurs, j'ai déposé au pied du trône la véritable situation de votre département, Sa Majesté, dont les vues paternelles embrassent ce vaste empire, a jeté un coup d'œil d'intérêt sur la Vendée et j'ai la satisfaction de voir s'exécuter, avec célérité, dans votre pays, les plans que j'avais médités pour son repos ; la satisfaction de Sa Majesté, la reconnaissance des Vendéens, voilà la plus douce récompense pour mon cœur ; je reçois avec sensibilité les témoignages de votre satisfaction sur ma promotion au Sénat, et quoique Sa Majesté Impériale m'ait honoré d'une manière particulière, en me nommant elle-même à cette dignité, je n'en conserverai pas moins une éternelle reconnaissance pour ceux qui me portèrent sur la liste des candidats de votre département.

Agréez, Monsieur, les sentiments distingués avec lesquels j'ai l'honneur de vous saluer.

GOUVION [1].

Un jour enfin Pierre-Paul Clemenceau recevait ce billet qui dût le transporter de bonheur :

Le sénateur Lemercier, titulaire de la Sénatorerie d'Angers, Commandant de la Légion d'Honneur, à Monsieur Clemenceau.

Je m'empresse, Monsieur, de vous prévenir que, selon vos désirs et le vœu de vos concitoyens, vous venez d'être élu membre du Corps Législatif.

J'ai l'honneur de vous saluer affectueusement.

LEMERCIER.

Paris, 24 septembre 1805.

----

[1] Je n'ai pas respecté l'orthographe de la lettre. Elle est déplorable.

Le voilà devenu grand homme : « *Si je ne consultais, Monsieur, que l'intérêt de votre arrondissement et le mien en particulier*, lui écrit le préfet de la Vendée, *je regretterais beaucoup de vous voir abandonner un pays que vous avez si sagement administré depuis près de six ans et où vous avez rendu à Sa Majesté des services signalés ; mais il était juste de mettre un terme à vos travaux et de les récompenser honorablement. Jouissez, Monsieur, du fruit de votre bonne administration, etc.* »

Le voici à Paris. Il est reçu aux Tuileries.

Monsieur,

M. le Chambellan de service, d'après les ordres de S. M. l'Empereur et Roi, a l'honneur de vous prévenir qu'il y aura cercle à la Cour, le lundi 24 mars 1806, à 9 heures précises du soir. Réponse s. v. p.

Il est invité à la cérémonie du mariage de S.A.S.E. le Prince de Bade et de S.A.I. la Princesse Stéphanie Napoléon. Le cardinal Caprara le prie de lui faire l'honneur de venir dîner avec lui. « *Lundi prochain 5 mai, à cinque (sic) heures précises, rue de Varennes, Hôtel de Biron. Les convives ne sont que des hommes...* »

Et ce petit imprimé que lui fait porter le Grand Maître des Cérémonies :

Le Grand Maître des Cérémonies, conformément aux ordres de S. M. l'Empereur et Roi, a l'honneur de vous prévenir que le mariage de S.M. avec S.A.I. et R. l'Archiduchesse Marie-Louise aura lieu dans le grand salon du Louvre.

Vous êtes invité à vous rendre dans le premier salon de la galerie du Musée, près de la Chapelle.

> *Ce billet est personnel, on est invité à le présenter en entrant.*
> *On entrera par les deux escaliers latéraux du pavillon de l'horloge du côté du quai et du côté du Carrousel.*
> *Les portes s'ouvriront à sept heures, et seront fermées à midi.*
> *Les Dames seront parées et les Hommes en habit français ou en costume.*

En 1776, Pierre-Paul Clemenceau avait épousé Charlotte Maillot, fille de Charles, seigneur de l'Aubraie, paroisse de Mouchamps.

Il mourut en 1825.

Son fils aîné, Paul-Jules-Benjamin, né le 22 juin 1777, fut médecin comme son père. En 1801, il épousa Marie-Thérèse-Gabrielle Joubert, de qui, en 1810, il eut un fils, Paul-Benjamin[1].

Paul-Benjamin, médecin comme son père et son grand-père, épousa, en 1839, Sophie-Emma-Eucharis Gautreau, de Mouilleron-en-Pareds, dont il eut trois filles : Emma, Adrienne et Sophie, et trois fils : Georges, Paul et Albert.

[1]. Né à l'Aubraie le 28 avril 1810. Mort à l'Aubraie le 23 juillet 1897.

L'acte de naissance de Georges Clémenceau porte :

L'an mil huit cent quarante-et-un, le trente septembre, sur les cinq heures du soir, devant nous, maire et officier public de l'état civil de la commune de Mouilleron-en-Pareds, canton de la Chateigneraye, département de la Vendée, est comparu M. Paul Clemenceau, médecin, domicilié à Nantes, lequel nous a présenté un enfant du sexe masculin, né du vingt-huit de ce mois, à neuf heures et demie du soir, au domicile de M. François Gautreau, propriétaire, demeurant en ce bourg, de lui déclarant et de dame Sophie-Eucharis-Emma Gautreau, son épouse ; et auquel enfant il a déclaré vouloir donner les prénoms de Georges-Benjamin ; les dites déclarations et présentations à nous faites en présence des sieurs Pierre Auger, boulanger, âgé de cinquante-deux ans, Jacques-Lazare Chabinier, menuisier, âgé de trente-deux ans, les deux domiciliés au bourg de Mouilleron et amis du père de l'enfant ; et ont les comparans signé avec nous après lecture du présent acte.

XII

L'ENTERREMENT D'ORNANS
L'EMBARQUEMENT POUR CYTHÈRE. — JULES FERRY
LA POLITIQUE COLONIALE
GAMBETTA ET THIERS. — JAURÈS

19 juin 1928

M. CLEMENCEAU

Eh bien ! je viens de découvrir un livre qui m'amuse prodigieusement. C'est le *Charles XII* de Voltaire. Ce Charles XII était un type ! un fou, comme tout honnête homme qui se respecte... Mais d'un entrain et d'un courage ! Et c'est tordant par tout ce qui gravite autour de lui... Vous savez que c'est lui qui a fait Stanislas roi de Lorraine ?

MOI

Autre phénomène !

M. CLEMENCEAU

En plus gris... Vous connaissez le palais Stanislas, à Lunéville ?

MOI

Non.

M. CLEMENCEAU

Ça a un petit air rigolo. J'aurais voulu le visiter. Je me suis trouvé devant une porte, laquelle était fermée à clef, et, comme de bien entendu, le gardien était allé se promener, avec la clef. J'aurais voulu voir ça pour la scène, vous savez : Voltaire et madame du Châtelet...

MOI

Le palais de Nancy n'est pas mal non plus.

M. CLEMENCEAU

C'est assez sympathique. Moyennant quoi je suis dans ce terrible *Monet*, qui n'est pas commode. Il est difficile d'exprimer un art par un autre et notamment la peinture par des mots. Ce qui est extraordinaire dans le cas de Monet, ce n'est pas qu'il ait pu décomposer la lumière, en s'inspirant ou en ne s'inspirant pas des théories scientifiques modernes, — c'est qu'il ait pu la recomposer. Il avait sa toile, là, à trente centimètres de lui, et il la recouvrait, cette toile, de choses qui reconstituaient cette lumière mais qui ne la reconstituaient pas pour lui, qui la reconstituaient pour des gens placés à trois ou quatre mètres de là. Après avoir fait le travail dans un sens, il le refaisait dans l'autre, — les yeux fermés.

MOI

Les yeux fermés ?

M. CLEMENCEAU

Absolument. S'il avait fait ça les yeux ouverts, il aurait voulu identifier les deux choses, le champ de blé ou de pavots et les petites crottes qu'il déposait sur sa toile, — alors que l'un devait être absolument le contraire de l'autre. La lumière lui aura donné de rudes joies...

MOI

Et de rudes souffrances...

M. CLEMENCEAU

C'est la même chose. Un jour, je me promenais avec lui au Louvre. Je regardais l'*Enterrement d'Ornans*. Je dis à Monet :

« — Eh bien ! si on me disait : « Emportez ce que vous voulez », voilà ce que je prendrais.

« — Ah ? dit Monet. Moi, c'est l'*Embarquement pour Cythère*.

Vous comprenez : cette lumière ! Les lettres de Mirbeau ne m'apprennent pas grand'chose... Elles l'encouragent mais n'apportent aucune explication.

MOI *regardant un livre ouvert sur sa table.*

C'est le bouquin de Geffroy[1] que vous avez là ?

M. CLEMENCEAU

Oui. Il n'est pas fameux. C'est plein de documents réunis là au hasard, sans ordre. C'était un brave cœur, Geffroy. Je peux dire que je l'ai bien aimé. Mais il manquait de sang. Je ne sais pas à propos de quoi il déclare que Coppée est « un des plus grands poètes français. »

MOI

Oui. C'est beaucoup.

1. Sur Claude Monet.

M. CLEMENCEAU

Eh bien ! en disant ça, il voulait faire plaisir à quelqu'un, probablement, — à un ami... à sa concierge... Alors il pensait : « On peut toujours le dire... Qu'est-ce que ça coûte et au fond quelle importance ça a ? » En gros, c'était un homme courageux. Mais son courage s'effritait dans le détail sous des tas de petites lâchetés de ce genre-là. Mirbeau, qui avait de la dent, écrit de Geffroy : « Que voulez-vous ? Il aime trop le chou et trop la chèvre... »

MOI

Geffroy a dû gagner beaucoup d'argent avec ses livres ?

M. CLEMENCEAU

C'est prodigieux ! Il a laissé deux ou trois milllons ! Tout ça a disparu je ne sais comment. Je ne sais entre les mains de qui sont passés les millions, les tableaux... Ça a été une chose bien étrange que la mort de Geffroy. Il s'est agité autour de son lit de mort des gens comme qui dirait bizarres... Enfin il était mort. Pour lui c'était le principal. Vous savez que de son vivant *le pauvre Geffroy avait eu des embêtements ?*

MOI

Un procès ? Vous m'avez dit ça...

M. CLEMENCEAU

On l'avait accusé d'avoir vendu trois faux Carrière. Il ne m'en avait pas parlé mais *il était* allé trouver mon frère Albert. Il ne niait pas. Il disait simplement : « Il n'y a pas moyen de s'y reconnaître. Carrière lui-même...

MOI

... n'y verrait que du feu ? »

M. CLEMENCEAU

Textuellement. Pour un critique d'art c'est assez drôle.

MOI

Vous croyez à la critique d'art, Monsieur ?

M. CLEMENCEAU

C'est peut-être une des choses auxquelles je crois le moins. Pourtant, vous voyez : j'écris ce bouquin. J'en suis à cette période de la vie où on ne croit plus en rien et où en vertu de la force acquise on continue. Geffroy avait dû rendre l'argent. Qui est-ce donc qui lui avait donné les Gobelins [1] ?

MOI

Est-ce que ce n'est pas M. Briand ?

M. CLEMENCEAU

C'est possible. Voilà le travers de Geffroy : il était le matin chez moi et le soir il dînait chez Briand. Il faut choisir. Non pas parce que je suis mal avec Briand, — car les gens peuvent dire que ça ne les regarde pas... mais parce que Briand c'est une chose et que j'en suis une autre, — deux conceptions de la vie, des hommes, du travail, de l'histoire, absolument inconciliables.

MOI

Il y a la curiosité...

M. CLEMENCEAU

Quoi ? La curiosité ?

1. Gustave Geffroy était Administrateur de la Manufacture des Gobelins.

MOI

On peut déjeuner chez vous par amitié et dîner chez un autre par curiosité...

M. CLEMENCEAU

Ça, c'est des blagues ! Le plus curieux est que Geffroy a fait des livres tout à fait bien et courageux, de style et de fond. Son *Enfermé* est une belle chose[1]. Comme quoi il ne faut juger les hommes ni sur ce qu'ils font, ni sur ce qu'ils disent, ni sur ce qu'ils pensent...

MOI

Sur quoi faut-il les juger ?

M. CLEMENCEAU

Pourquoi voulez-vous les juger ?

MOI

Vous partez bientôt pour la Vendée ?

M. CLEMENCEAU

Le 8 juillet. Parce que c'est un dimanche. Il y aura moins de monde sur les routes. Je pars

---

1. Il y a aussi de bien belles lettres de Geffroy à M. Clemenceau. Celle-ci :

11 février 1912.

J'ai eu une grande émotion à vous entendre, hier, à la tribune du Sénat, redire le passé et veiller sur l'avenir. Votre parole prudente et ferme a su faire apparaître la vérité, et je puis vous dire que dans le public assistant à la séance, il y avait une angoisse et une fierté à vous voir ainsi déchirer les voiles. Pour moi, les battements de mon cœur vous ont applaudi.
Votre,

GUSTAVE GEFFROY.

Il s'agit du discours sur l'accord franco-allemand.
Dans son *Clemenceau*, Geffroy consacre à ce discours une page vraiment saisissante : « *Il y a une telle préparation, une telle progression dans ce discours qu'il arrache, pour ainsi dire, de son cerveau et de son cœur...* »

à 4 heures. A 8 heures, je suis à Tours et à midi et demie chez moi, à table. Je m'arrête à Tours pour serrer la main de Cristal.

MOI

Vous finirez *Monet* là-bas ?

M. CLEMENCEAU

Ah ! il faut !

MOI

Vous n'allez pas être trop ennuyé par les gens des Sables-d'Olonne ?

M. CLEMENCEAU

Non. Ils viennent quand je n'y suis pas. Mon jardinier leur vend des cartes postales ; il se fait comme ça un petit revenu. Quand j'y suis, ils regardent de côté ; ils procèdent avec une certaine discrétion.

MOI

Je voudrais vous demander quelque chose...

M. CLEMENCEAU

Ah ! question !

MOI

Oui. Question. Je suis en train de lire vos discours contre Jules Ferry, lesquels sont...

M. CLEMENCEAU

Splendides ! Admirables ! — Passez...

MOI

C'est vrai : ils sont admirables...

M. CLEMENCEAU

Passez tout de même !

MOI

Il y a là-dedans une vie !

M. CLEMENCEAU

J'ai toujours fait mes discours à la tribune. Il

faut voir la tête des gens avant de savoir ce qu'on leur dira.

MOI

Vous me parliez l'autre jour de vos « crimes »... Je voudrais vous parler, moi, d'un « crime » dont on vous a souvent accusé, vos luttes contre Ferry. Vous reprochiez à Ferry deux choses : de ne pas organiser la République avec assez de méthode et de rapidité...

M. CLEMENCEAU

Oui !

MOI

Et secundo vous lui reprochiez sa politique étrangère et sa politique coloniale. En ce qui concerne la politique intérieure de Jules Ferry, on pourrait peut-être vous objecter que, si Ferry n'a pas voulu précipiter le triomphe de la démocratie, après la chute de l'Empire, c'est que, mon Dieu ! il s'en méfiait un peu, de la démocratie, de ce qu'elle pouvait donner, des chemins par où elle pouvait faire passer le pays, — et à voir ce qui s'est passé, il n'avait peut-être pas tout à fait tort. En ce qui concerne sa politique coloniale, on ne peut nier, tout de même, que les colonies aient entretenu chez nous le sens de la lutte, de l'honneur national, et qu'elles nous aient donné des hommes.

M. CLEMENCEAU, *qui m'a écouté avec impatience.*

C'est tout ? — Monsieur Martet, je vais vous répondre. Il faut vous dire d'abord que je suis né d'un père idéologue et qui avait le culte de la Révolution. A l'Aubraie, il y avait des portraits de Saint-Just, de Robespierre et autres phénomènes, dans tous les coins. Mon père me disait que c'étaient des dieux et qu'à côté de ça il n'y avait rien. Mon père m'a fait républicain. Je me suis battu sous l'Empire pour la République. Le 4 septembre est arrivé...

« Un jour, je me suis trouvé en face de Ferry. J'ai compris que Ferry était incapable de réaliser la République. Vous me dites : « S'il n'a pas organisé la démocratie plus tôt et plus vite, c'est parce qu'il se méfiait de la démocratie. » Erreur, Martet ! C'est tout simplement parce qu'il ne pouvait pas faire mieux. Ça n'était pas un malhonnête homme. Mais du point de vue de l'intelligence, c'était un homme au-dessous du médiocre, pas fichu de rien faire, pas fichu de dire deux mots. Ces gens-là, habituellement, ont au moins la parole ; ils n'expriment peut-être que du vent mais ils l'expriment. Lui, quand vous alliez le voir, il vous regardait avec des yeux vides, faisait de petites plaisanteries bourgeoises, — et c'était tout. Et si on en avait fait un Président du Conseil, c'est précisément parce qu'il n'était bon à rien.

« Eh bien ! vous comprenez, ma grande idée, dans ce temps-là, c'était l'enseignement laïque, obligatoire et gratuit. Avec Barodet et quelques autres, je suis allé trouver Ferry. Je lui ai raconté ça. Il m'a dit :

« — L'enseignement gratuit ? Ça n'est pas possible. Nous n'en avons pas les moyens. Ce que je peux essayer de faire, c'est d'augmenter les subventions. Obligatoire ? Qu'est-ce que vous demandez là ! Les gens ne se laisseraient pas faire !

« C'est d'ailleurs comme ça que ça se passe aujourd'hui et que ça continuera à se passer tant qu'on continuera à faire des lois et qu'on continuera à ne pas vouloir les appliquer. La République fabrique des quantités de lois : elle oublie de mettre un gendarme à côté. De temps en temps, elle fabrique même une loi pour dire que telle chose était interdite en vertu de tel article de telle autre loi, que cet article n'a pas été appliqué mais qu'à partir d'aujourd'hui, ça va changer, — et vous allez voir ça !... ce qui équivaut à ceci que la loi proclame elle-même sa carence !

« — Quant à l'enseignement laïque, dit Ferry, ça, il ne faut pas y songer ; ce serait la révolution !

« Moyennant quoi, après nous avoir raconté que les trois choses étaient impossibles, il les a faites ; il disait blanc, il faisait noir.

« Pour sa politique étrangère, il a réussi ce joli tour de force de jeter l'Italie dans les bras de l'Allemagne, en mettant la main sur la Tunisie. Je le lui ai reproché en termes vifs. Même... souvenir, Martet !... je me rappelle qu'un jour j'avais fait un petit discours là-dessus ; un petit discours que j'avais étudié, préparé... A quelque temps de là, le correspondant du *Times* à Berlin, que je connaissais, va voir Bismarck. Bismarck lui demande :

« — Qui est-ce donc, ce Clemenceau ?

« — Eh bien ! dit l'autre, c'est un jeune homme, un médecin, qui est ci... qui est ça...

« — Ah ! dit Bismarck, il a raconté l'autre

jour des choses... C'est un garçon à surveiller.

« Pour la politique coloniale, je reprochais à Ferry de jeter nos hommes et notre argent dans des expéditions lointaines, quand nous en avions besoin pour des besognes rudement plus immédiates.

MOI

Et ce serait à refaire, combattriez-vous encore cette politique coloniale ?

M. CLEMENCEAU

Mais de la même façon ! avec la même vigueur ! si nous avions toujours en face de nous l'Allemagne menaçante, une natalité faible, une armée et une marine tout juste suffisantes pour défendre la métropole et si, enfin, la France continuait à vouloir avoir des colonies et pas de colons ! Les Français ne veulent pas quitter Paris, Bordeaux, Marseille. Les Français ne veulent pas faire d'enfants. Alors ? qu'est-ce que c'est que ces histoires-là ?

« Et puis vous comprenez : je reprochais à Ferry de faire des expéditions coloniales... je lui reprochais aussi la façon dont il les faisait. Vous n'avez pas idée de ça ! de la folie, du gâchis qui a présidé à tout ça ! Un jour, Ferry, du haut de la tribune, me disait :

« — Il y a un combat qui s'est livré près d'une ville qui n'est pas marquée sur la carte...

« Je lui ai répondu :

« — Je vous demande pardon. La ville est marquée sur les propres cartes que vous nous avez fait distribuer. Et cette ville, c'est... !

« Il n'avait même pas regardé la carte[1]!

« Et ces millions ! et ces gens qu'on jetait au hasard, sans savoir où, sans savoir contre qui... et tout ce qui se trafiquait derrière çà ! Les colonies ont un grand inconvénient, elle sont généralement très loin et il peut se passer là-bas n'importe quoi, on ne va jamais y voir, et, quand on y envoie des enquêteurs, les enquêteurs reviennent trois ans après, — alors ça n'a plus d'intérêt, — et la plupart du temps, pour des raisons mystérieuses, ils reviennent enchantés sur le compte des enquêtés.

MOI

Mais le secours que les colonies nous ont apporté pendant la guerre...

M. CLEMENCEAU

Les opérations les plus stupides ont leur bon côté. Les colonies nous ont donné Mangin. C'était un homme... dangereux ! et s'il avait vécu, il aurait peut-être fait des choses qu'il eût mieux valu ne pas faire. Mais il s'est bien battu, et, dans sa brousse, ses marais, il avait pris le goût, le sens de la lutte. Il a fait la guerre en soldat et non, comme pas mal d'autres, en fonctionnaire.

« Et il n'y a pas que les blancs qui sont allés

---

1. Discours du 27 novembre 1884 sur les affaires du Tonkin :

M. le Président du Conseil. — *L'action s'est passée près d'une ville dont le nom ne figure pas sur la carte.*

M. Clemenceau. — *Je suis bien fâché, Monsieur le Président du Conseil, de vous faire observer que le nom de cette ville figure parfaitement sur la carte que vous nous avez distribuée. C'est la ville de Hung-Quan. Vous n'avez pas regardé la carte : voilà votre excuse.*

se tremper et se former en Afrique ou en Asie.
Il y a tous ces noirs, ces malgaches, ces sénégalais, que je voyais passer dans des camions, simples, tranquilles, souriants, et qui se battaient
comme des lions fous.

« Un jour, sur le front, je vois passer, comme
ça, au loin, une troupe de gens, avec un homme
à cheval qui tournait autour d'eux. Je demande
ce que c'est. On me répond qu'on n'en sait rien.
Alors avec la voiture, j'y vais. C'étaient des
noirs, qui revenaient des tranchées, où on les
avait oubliés dix-huit jours ! Vous devinez ce que
ça pouvait être ! des blocs de boue ! Ils revenaient
avec des fusils cassés, des vêtements en loques...
Magnifiques ! Et quand ils m'ont vu, ils se sont
mis à me jouer la *Marseillaise*, avec je ne sais
quoi, en tapant sur des morceaux de bois, des
pierres... C'était là réponse à mes attaques contre
Ferry. Je leur ai parlé. J'ignore s'ils ont compris.
Je leur ai dit qu'ils étaient en train de se libérer
eux-mêmes en venant se battre avec nous, que
dans le sang nous devenions frères, — fils de
la même civilisation et de la même idée... Des
mots, — qui étaient tout petits à côté d'eux, de
leur courage, de leur noblesse.

« Ils ont été admirables ! Les Boches se plai-
gnent qu'on leur ait envoyé des noirs ! Mais il
n'y a pas un Boche, pas un docteur de l'Univer-
sité de Berlin ou de Munich, qui vaille, en beauté
et en grandeur, le premier venu des Sénégalais !
Qu'est-ce qu'ils ont, les Boches ? Leur science ?
Ils sont épatants en sémantique ? en psychologie ?
Qu'est-ce que c'est que ça ?

« Eh bien ! oui, — voilà... Je sais tout ça. Il n'en reste pas moins que quand Ferry nous jetait sur le Tonkin, il nous détournait de la seule chose à considérer et à redouter : l'Allemagne, — alors que moi, je savais bien que ce n'était pas au Tonkin que notre destin se jouerait, mais là où il s'est joué : chez nous.

MOI

Une chose que je ne comprends pas très bien, Monsieur, c'est celle-ci : Bismarck a, dit-on, fait tout le possible pour encourager nos projets coloniaux, qui, comme vous dites, détournaient notre attention. Je me demande alors pourquoi, à notre tour, nous n'avons pas appliqué cette politique-là à l'Allemagne et pourquoi nous lui avons pris ses colonies ?

M. CLEMENCEAU

Parce que d'abord j'avais cette rancune du « bec de canard » congolais que leur avait lâché Caillaux. C'était une chose déshonorante. Il aurait mieux valu leur donner tout le Congo. Alors nous avons pris ça et les Anglais ont pris autre chose, tout ce qu'ils ont pu prendre ; finalement on leur a tout pris. Et je ne le regrette pas. Quand un peuple a fait ce que les Boches ont fait en Belgique et en France, il est mal venu à dire : « Nous voulons aller civiliser l'Afrique ! » Qu'il commence donc par se civiliser lui-même !

MOI

Et Gambetta, Monsieur ? Qu'est-ce que vous pensez de lui ?

M. CLEMENCEAU

Gambetta était un autre homme, d'une autre trempe, d'une autre âme que Ferry. C'était un étranger, qui se confiait beaucoup à la sonorité de sa parole, dont il tirait d'ailleurs des effets admirables... Pas beaucoup d'idées... Mais il avait fait la guerre, — tant bien que mal, plutôt mal que bien, — enfin il l'avait faite et certainement du mieux qu'il avait pu. Et puis il avait de grandes ressources d'impulsivité généreuse ; c'était de la belle et noble idéologie. J'ai aimé Gambetta. J'ai eu de l'estime pour lui. Il ne savait pas très bien où il allait, mais il y allait avec flamme[1].

[1]. J'ai retrouvé dans les papiers de M. Clemenceau cette lettre adressée à M. Georges Clemenceau, maire du XVIIIe arrondissement, à Paris.

Bordeaux, 3 février 1871.

Mon cher ami,

Paris a succombé. Mais il faut penser encore à la France et à la République, et venir nous prêter dans les départements le concours sur lequel nous avons le droit de compter.

Il y a une grande ville qui réclame à sa tête un républicain ardent, courageux et cependant d'esprit conciliant et large. Challemel-Lacour remplissait au plus haut degré ce programme ; mais ses forces sont épuisées, et il faut, sous peine de compromettre une vie qui nous est si chère, lui trouver un successeur digne de lui et de Lyon.

C'est vous que j'ai toujours désigné. Vous étiez retenu à Paris par le vœu formel de vos concitoyens, et vos devoirs ; malheureusement, la cessation de la lutte ne vous permet plus de vous croire aussi nécessaire et je vous requiers pour un poste plus agissant.

Venez donc, sans aucune objection, car il s'agit toujours de servir la République. Venez. Salut fraternel.

LÉON GAMBETTA.

MOI

Et Thiers ?

M. CLEMENCEAU

Thiers ? C'est bien simple : les Versaillais, en rentrant à Paris, ont tué vingt mille hommes, femmes, enfants. Un jour, j'étais allé en Mouilleron-en-Pareds, avec ma sœur. Nous nous trouvons avec un homme qui venait de quitter le service militaire. Ma sœur lui dit en plaisantant :

« — Ah ! Untel ! vous avez dû faire de bien vilaines choses pendant que vous étiez à l'armée de Versailles !

« Il répond d'un air bonhomme :

« — Ma foi, Mademoiselle, de vilaines choses, c'est selon. Tout ce que je peux vous dire, c'est que mon dernier coup de fusil, je l'ai tiré dans le ventre d'une femme, à bout portant.

« Thiers était le type du bourgeois borné et féroce, qui s'enfonce dans le sang, sans broncher.

MOI

Je vous posais cette question tout à l'heure sur les luttes que vous avez soutenues contre Ferry... C'est parce qu'il est bien certain que si vous aviez su alors ce que vous savez aujourd'hui, si vous aviez connu la démocratie comme vous la connaissez...

M. CLEMENCEAU

Oui... Eh bien ?

MOI

Est-ce que tout de même...

M. CLEMENCEAU

Qu'est-ce qu'il y a en dehors de la démocratie ? Voulez-vous me le dire ? La démocratie, ce sont les hommes, — c'est l'homme. Si l'homme est fou et stupide, c'est évidemment très embêtant. Mais je ne vois pas le remède. Tous les régimes ont fini de la même façon : dans la crotte. Il est humiliant pour un pays d'avoir eu des hommes comme Louis XIV, Louis XV, qui étaient à cent pieds au-dessous de Fallières. Il ne faut pas taper sur la République et la démocratie parce que vous voyez qu'elles sont incarnées par quelques fumistes. La royauté serait incarnée probablement par les mêmes individus, et, si elle était incarnée par d'autres individus, ceux-ci ne vaudraient pas mieux que ceux-là. La chose ennuyeuse dans tout cela, et irrémédiable, ce n'est pas qu'on soit en République ou en Monarchie, qu'il y ait à la tête de l'État Doumergue, Deschanel ou Charles IX, c'est que tout ça ce soient des hommes, rien que des hommes.

MOI

Il y a eu là, en dix ans, de 85 à 95, un tel renversement de la situation, si désenchanteur !

M. CLEMENCEAU

Eh ! oui ! Ça a fini par Jaurès. Quand on eut fait la République, débroussaillé tout ça, préparé les voies, les socialistes sont arrivés, avec Jaurès, se sont jetés là-dessus, — et ça a été le commencement de la fin. Jusque là, nos luttes se faisaient à l'intérieur de la nation, de la patrie. Ils ont ouvert toutes les portes.

« Jaurès avait un énorme talent. Mais c'était

un homme dans lequel il y avait quelque chose de méchant. Des dons extraordinaires, contre quoi j'étais forcé moi-même de me défendre, — mais sans grandeur, sans générosité... sans humanité... Oui, — sans humanité. C'est d'ailleurs probablement pour cette raison qu'il a appelé son journal comme ça. Derrière l'humanité et l'humanitarisme de Jaurès, il y avait toujours quelque chose d'hostile et de menaçant. Derrière ses tableaux idylliques on sentait flotter une fumée de guerre civile. Il n'avait rien de ce que confère l'amour vrai de l'humanité : ni le sourire, ni l'indulgence, ni cette espèce de doute, de scepticisme, — rien. L'humanité était, pour Jaurès, le nombre, la foule, la force. Il se battait pour le parti qui serait fatalement vainqueur. J'aime mieux Baudry-d'Asson, qui se battait pour des causes désespérées et qui groupait derrière lui, péniblement, trois douzaines d'hurluberlus.

« Je me rappelle Jaurès pendant les affaires Rochette. J'avais fait coffrer Rochette par Lépine, sans passer par Briand, qui était Garde des Sceaux. Pourquoi ? Parce que je n'avais pas confiance dans Briand, lequel, la veille, avait fait relâcher un socialo de ses amis. Je m'étais dit : « Si j'en parle à Briand, l'affaire est ratée. » Eh bien ! Jaurès s'est emparé de la chose et il a fait tout ce qui était en son pouvoir pour m'embarrasser. Je ne pouvais pourtant pas lui dire : « C'est parce que je me méfie de Briand ! » Il serait allé immédiatement raconter ça à son public.

« Oui, — méchant. Méchant et dangereux. Si nous l'avions eu pendant la guerre, nous étions perdus. Il vaut mieux avoir Renaudel.

« A propos de Rochette, voyez à quoi tiennent les choses. D'Aunay, l'agent de change, qui est avec moi dans les termes d'amitié que vous savez, vient me voir un jour et me dit :

« — J'ai failli jouer sur Rochette. Je ne l'ai pas fait parce que j'ai jugé que cela n'était pas intéressant.

« J'en ai eu un frisson. S'il avait jamais fait ça, tout le monde en concluait : « Vous voyez Clemenceau ? Sa combinaison est cousue de fil blanc ! »

MOI

Monsieur, comment croyez-vous que tout cela va finir ?

M. CLEMENCEAU

Quoi donc ?

MOI

L'expérience démocratique que nous sommes en train de faire...

M. CLEMENCEAU

Je n'en sais rien. Probablement par un général, qui, pour peu qu'il ait de la jugeote et de la méthode, balaiera ça comme il voudra. Alors on reverra l'Empire, les curés...

MOI

Il faudra tout recommencer.

M. CLEMENCEAU

Oui. Mais je ne m'en mêle plus. Qu'ils se débrouillent sans moi. J'ai assez lutté pour la liberté. J'ai assez lutté contre moi pour faire passer cette même liberté après le salut du pays. Pendant la guerre, j'ai marché sur tout, fait fusiller des gens... Il est vrai de dire que j'ai moi-même frôlé la fusillade si souvent et de si près !

« Un de mes plus mauvais souvenirs, c'est quand j'ai quitté Paris, en 71. Je me suis dit : « Ils vont fusiller tous mes administrés. Je ne peux tout de même pas couvrir ça de mon nom. » Il y a un ami à moi, un Américain, qui m'a donné ses papiers ; je suis parti. J'ai pris le train et je suis allé jusqu'à Saint-Denis, où étaient les Versaillais. Là, un homme m'a interrogé. J'ai répondu en anglais, tout en faisant l'homme cordial, affable, en blaguant. Au bout d'un moment de ce petit jeu-là, il en a eu assez ; il m'a laissé filer. Je voulais aller à l'Aubraie. Je pensais : « Là, je serai à peu près tranquille. » Pour aller à l'Aubraie, je suis d'abord allé à Alençon et puis à Nantes, où le père de Waldeck-Rousseau, vieux catholique et brave homme, m'a donné un faux passeport. Muni de ce faux passeport, je suis arrivé à Luçon, un jour de foire. J'ai retrouvé mon père et tout a été fini.

MOI

Le Gouvernement ne vous a pas inquiété ?

M. CLEMENCEAU

Non[1]. Une fois on m'a demandé mon passe-

---

1. Le gouvernement, au fond, n'avait pas l'air bien terrible à l'égard de M. Clemenceau. Bernier m'a communiqué à ce propos trois documents qui ne manquent pas de saveur.

C'est : 1° une lettre anonyme adressée au Ministère de l'Intérieur où elle a été enregistrée le 14 juin 1871 :

port. Je l'ai montré. Un faux passeport épatant ! Tout ça m'amusait...

MOI

Pourquoi donc aviez-vous été nommé maire de Montmartre ?

M. CLEMENCEAU

Parce que les membres du Gouvernement étaient tous mes amis, que j'avais fait de la politique avec eux sous l'Empire et que, d'ailleurs, l'Empire avait si bien arrangé les choses et fait le vide de tout et de partout, qu'à Montmartre on ne connaissait absolument personne pour occuper ce poste-là.

MOI

Monsieur, vous me parliez l'autre jour du Colombier, en Vendée...

Un ami de l'ordre prévient M. le Ministre que le fédéré Clemenceau, ex-maire de Paris, envoyé à Bordeaux pour soulever cette ville, est caché en Vendée chez son père, à une lieue de Sainte-Hermine. Il ne sort point le jour : l'autorité légale ignore sa présence ; mais il y est et on peut l'y prendre quand on voudra. Tout le pays verrait son arrestation avec plaisir ; car on a horreur de tous ces gredins de rouges et surtout des chefs aussi dangereux que Clemenceau. Sainte-Hermine est un chef-lieu de canton, près Luçon, arrondissement de Fontenay (Vendée). Que justice soit faite !

2° Un télégramme de l'Intérieur au Préfet de la Vendée. Il est daté du 16 juin.

Une lettre anonyme me signale, etc..

3° La réponse du Préfet :

La Roche-sur-Yon, 19 juin 1871. — Le fait que vous annonce la lettre anonyme... est exact. Cet individu, d'après ce que m'assure le sous-préfet de Fontenay, est bien dans sa famille à Sainte-Hermine ; le milieu où il se trouve lui est si peu sympathique qu'il n'ose pas sortir de peur d'être hué ! Ses idées politiques sont très avancées, mais je le crois séparé de la Commune et étranger aux atrocités qu'elle a commises.

De quoi le gouvernement de M. Thiers parut se contenter.

M. CLEMENCEAU

Oui. C'est le berceau de ma famille. C'est une espèce de bâtisse avec deux tourelles, qui servaient de pigeonniers. Ça se trouve à côté de Mouchamps, dans un coin sauvage, à l'écart. Les Clemenceau étaient des bourgeois... peut-être pas riches, à leur aise tout de même, puisque, en dehors du Colombier, ils s'étaient fait construire à Mouchamps une maison familiale, qui était d'assez belle taille : quand on a voulu l'utiliser, il a fallu la couper en deux.

MOI

Mais vous n'avez jamais vécu au Colombier ?

M. CLEMENCEAU

Non. Mais quand j'allais à la chasse, je faisais étendre dans la grange un drap sur la paille, je dormais là-dessus, comme un bienheureux, avec les souris et les rats, qui faisaient un potin de tous les diables. Mon père disait que du Colombier on pouvait apercevoir les coteaux du Bocage. Dans une vieille tour qu'il y a là, qui est un reste d'un vieux château féodal, il s'était fait arranger une pièce. Mais pour regarder par la fenêtre, il faut grimper sur une chaise. Alors je me demande s'il grimpait bien souvent sur sa chaise pour apercevoir ses coteaux.

MOI

Vous n'avez jamais cherché à racheter le Colombier ?

M. CLEMENCEAU

Jamais. Pour quoi faire ? C'est même moi qui ai conseillé à ma sœur de le vendre. Ça doublait ses revenus. Mon père, pour continuer à voir, de l'au-delà, ses coteaux du Bocage, avait planté un petit bois et s'y était fait enterrer. J'ai donné le bois à la commune avec une petite rente pour qu'on y jette un coup d'œil de temps en temps. Je dois dire qu'à part mon père je n'aime pas beaucoup les Clemenceau. Mon grand-père, l'homme au chapeau haute forme, à la cravate blanche, était un pauvre type. Quant au sous-préfet, ça devait être une espèce de domestique, avec des galons partout.

Albert annonce : Mlle *Camus.*

M. CLEMENCEAU

Ah ! Oui ! C'est une petite cousine... Mettez-la dans le cabinet.

MOI

Une Vendéenne ?

M. CLEMENCEAU

Pur sang ! — Tandis que le père de ma mère, qui était un rustique, un peu rude, j'en ai gardé un bon souvenir. C'est lui qui a dit ce mot, un jour... je vous l'ai raconté ?

MOI

Non.

M. CLEMENCEAU

Il me faisait sauter sur ses genoux. J'avais peut-être huit ou dix ans. Il me dit :

« — Ah ! mon petit Georges, quand je serai au paradis, je serais bien content si j'apprenais que tu as prononcé un beau discours, comme M. Jules Favre !

« C'est drôle, hein ? La cheville ouvrière de la maison, c'était ma grand'mère, qui était née Joubert, une vieille bonne femme, que je revois avec sa coiffe à tuyaux... Elle allait et venait dans l'Aubraie, parlait peu, à voix basse, mais, quand elle avait dit un mot, tout le monde obéissait. Bien supérieure à l'homme au chapeau haute forme.

MOI

Mais vous avez vu votre grand-père aller dans les champs avec son chapeau haute forme ?

M. CLEMENCEAU

Comment ! Si je l'ai vu ! Et ça n'était pas du lapin ! C'était du casoar ! Ça se complétait d'une longue redingote noire... Tout ça d'une propreté ! Ça me faisait une forte impression... (*Je me suis levé.*) Vous n'avez jamais vu l'Aubraie ?

MOI

Je suis passé devant en voiture avec vous. Je n'ai jamais visité[1]. Il y a un paysage que je me rappelle. Vous m'y aviez emmené avec Geoffroy... Où était-ce donc ? Un paysage sauvage, avec des rochers... un arbre contre lequel on avait fusillé un bleu...

M. CLEMENCEAU

C'est à Mouilleron. Quand j'étais petit, je recherchais les balles avec mon couteau. (*Il se lève.*) Vous voyez que chaque jour ainsi vous apprenez quelque chose... Est-ce que c'est bien intéressant ? Ça n'est que de la vie...

---

1. L'Aubraie est aujourd'hui la propriété de M. Paul Clemenceau.

XIII

DU 5 SEPTEMBRE 1870 AU 1er MARS 1871

Les documents que M. Clemenceau a rassemblés sur le 18 mars 1871 sont innombrables. Il y en a moins sur les semaines qui ont précédé le drame ; je ne retrouve que ces paperasses jaunies :

République Française

Mairie de Paris

Le Maire de Paris

Arrête :

Sont nommés Maires dans les vingt arrondissements de Paris les Citoyens dont les noms suivent : . . . .

. . . .

18ᵉ arrondissement
M. CLEMENCEAU 

.   .   .   .

Fait à l'Hôtel de Ville de Paris, le 5 septembre mil huit cent soixante-dix.

Étienne Arago.

***

Cabinet du
Conseiller d'État   Paris, le   186 .
Secrétaire Général

Note.

*Le citoyen Clemenceau, nommé maire provisoire, est invité à se rendre immédiatement à la mairie du 18ᵉ arrondissement et à en prendre possession*².

Paris, le 5 septembre 1870.
Le Maire de Paris

Étienne Arago.

---

1 Il habite à ce moment chez son ami Lafont, 19, rue Capron.

2. Dès ce jour la tâche commence. Elle est lourde. Il s'agit d'assurer la subsistance de la population. Les enfants ont besoin de lait : il faut leur en trouver. Il faut loger les réfugiés. Il faut du charbon et du pétrole. Il faut armer et instruire la garde nationale. Il faut surveiller les remparts. Ce n'est pas suffisant : ce jeune maire de vingt-neuf ans laïcise les écoles...

République Française
Mairie de Paris

Le Maire de Paris
Arrête :

Sont nommés adjoints dans les vingt arron-dissements de Paris les citoyens dont les noms suivent : . . . .
. . . .

18e Arrondissement ⎰ Lafont
⎱ Simonot

. . . .

Fait à l'Hôtel de Ville de Paris le 6 septembre 1870.

Étienne Arago.

Une affiche.

RÉPUBLIQUE FRANÇAISE
LIBERTÉ — ÉGALITÉ — FRATERNITÉ
MAIRIE DU 18e ARRONDISSEMENT

Citoyens,

La France doit-elle s'abîmer et disparaître, ou reprendre son ancien rang à l'avant-garde des peuples ?

Cette question se pose aujourd'hui et c'est à nous qu'il appartient de la résoudre.

L'Ennemi est aux portes de la Cité. Le jour n'est pas loin peut-être où nos poitrines seront le dernier rempart de la Patrie.

Chacun connaît son devoir.

Nous sommes les enfants de la Révolution. Inspirons-nous de l'exemple de nos pères de 1792, et comme eux nous vaincrons.

Vive la France !

Vive la République !

Paris, le 23 septembre 1870.

Les Adjoints :   *Le Maire :*

    J.-A. LAFONT.   G. CLEMENCEAU.
    A. SIMONOT.

⁂

Autre affiche :

RÉPUBLIQUE FRANÇAISE
LIBERTÉ — ÉGALITÉ — FRATERNITÉ
MAIRIE DU 18ᵉ ARRONDISSEMENT

La Municipalité du 18ᵉ arrondissement proteste avec indignation contre un armistice que le Gouvernement ne saurait accepter sans trahison.

Paris, le 31 octobre 1870.

Les Adjoints :

    Le Maire du 18ᵉ arrondissement :

    J.-A. LAFONT.   G. CLEMENCEAU.
    A. SIMONOT.

Les élections de novembre ont eu lieu.

> *République Française.*
> *Mairie de Paris.*
>
> *Paris, le 9 novembre 1870.*
>
> *Au Citoyen Clemenceau, Maire du 18e arrondissement.*

Citoyen,

D'après les relevés qui m'ont été été fournis à la suite des scrutins ouverts dans le 18e arrondissement, vous avez été élu Maire de cet arrondissement.

Je vous prie, en conséquence, de prendre immédiatement la direction de la Mairie et d'inviter les adjoints qui viennent aussi d'être élus à entrer également en fonctions.

> *Salut et fraternité.*
>
> *Le Maire de Paris,*
>
> *Étienne Arago.*

Une affiche :

RÉPUBLIQUE FRANÇAISE
LIBERTÉ — ÉGALITÉ — FRATERNITÉ
MAIRIE DU 18e ARRONDISSEMENT

Citoyens,

Vos suffrages librement conférés nous impo-

sent de grands devoirs. Nous nous efforcerons de les remplir.

L'heure des sacrifices va sonner. Par votre abnégation républicaine, par votre patience obstinée dans les longues épreuves noblement supportées, vous assurerez le salut de la Patrie.

Vive la France ! Vive la République !

Paris, le 10 novembre 1870.

Les Adjoints :   *Le Maire :*

J.-A. LAFONT.   G. CLEMENCEAU.
S. DEREURE.
(JACLARD, empêché.)

Le 8 février 1871, il est élu député de Paris[1]. Il se rend à Bordeaux[2].

Le laissez-passer qu'il s'est fait délivrer le 5 porte les mentions suivantes :

Nom : CLEMENCEAU.
Prénoms : Georges-Benjamin.
Profession : Docteur en Médecine.
Domicile : 19, rue Capron.
Age : 29 *ans.*
Objet du voyage : Candidat à la députation. (Gironde.)
Direction suivie : Route de Toulouse. (Barrière d'Enfer.)

Le cachet de la Préfecture de Police et le ca-

---

1. Par 96.000 voix. L'armistice est signé depuis dix jours.
2. Laissant Lafont administrer la Mairie de Montmartre.

chet de l'état-major de l'Armée de Paris sont apposés sur le document.

Au dos et en caractères gothiques :

Franzoesische Republik
Die Personen, denen die Erlaubniss ertheilt sein wird die deutsche Vorpostenlinie zu ueberschreiten, etc.

Le 20 février, M. Clemenceau regagne Paris :
Laissez passer et circuler librement M. Clemenceau, Maire du 18ᵉ arrondissement de Paris, se rendant à Paris pour affaires personnelles.

Le 24, il repart pour Bordeaux. « *Va siéger à l'Assemblée Nationale* », dit le nouveau Passirschein.

Le 1ᵉʳ mars, il est toujours à Bordeaux. Ce qui ne l'empêche pas de faire coller cette affiche sur les murs de son arrondissement de Paris :

RÉPUBLIQUE FRANÇAISE
LIBERTÉ — ÉGALITÉ — FRATERNITÉ
MAIRIE DU 18ᵉ ARRONDISSEMENT

Citoyens,

Une dernière épreuve nous était réservée, épreuve humiliante et terrible : celle de voir l'ennemi entrer dans Paris.

On nous a livrés à merci.

Toute résistance a été rendue impossible. Toute agression nous serait fatale.

S'il est parmi vous des citoyens qui croient encore de leur devoir de mourir et d'ensevelir avec eux sous les ruines de la cité leurs femmes et leurs enfants, qu'ils songent aux résultats stériles d'une lutte désespérée, qu'ils songent surtout à la République.

La République seule peut venger et réparer nos désastres.

La République ne peut périr, si tous les citoyens restent debout et en armes pour la défendre quand on voudra l'attaquer.

Vous nous avez accordé votre confiance au lendemain de notre protestation du 31 octobre. Il était de notre devoir, avant le jour prochain où nous allons déposer notre mandat, de vous prémunir contre toute excitation funeste.

Citoyens, de votre calme dépend le salut de la France et de la République.

Vive la France ! Vive la République !

Paris, le 1ᵉʳ mars 1871.

Les Adjoints :   Le Maire :

J.-A. LAFONT.   G. CLEMENCEAU.
S. DEREURE.
JACLARD.

Dix-huit jours après cet appel au calme, la Commune éclatait.

1ᵉʳ mars 1871... Dans la salle du Théâtre Louis,

à Bordeaux. Jules Grévy préside. On lui a passé les chiffres. Il annonce le résultat du scrutin sur les préliminaires de paix. 546 députés ont voté pour la fin de la guerre ; 107 ont voté contre. Parmi les protestataires : Georges Clemenceau.

Au lendemain du vote, il signait la lettre suivante adressée par 37 députés « aux Représentants des Départements du Bas-Rhin, du Haut-Rhin, de la Moselle, de la Meurthe et des Vosges » :

Chers Collègues et Citoyens,

Nous nous sommes associés hier, par nos applaudissements, à la déclaration faite par l'un d'entre vous[1] à la tribune, au sujet de l'Alsace et de la Lorraine ; mais nous tenons à vous dire encore que les représentants de la France Républicaine partagent vos sentiments et votre opinion. Nous nous sentons attachés aux héroïques populations que vous représentez, aussi fortement qu'elles se sentent elles-mêmes attachées à la Patrie commune. De plus, nous avons déclaré et nous déclarons l'Assemblée Nationale et le peuple français tout entier sans droit pour faire d'un seul de vos commettants le sujet de la Prusse. Comme vous, enfin, nous tenons d'avance pour nul et non avenu tout acte ou traité, vote ou plébiscite par lequel serait faite cession d'une fraction quelconque de l'Alsace ou de la Lorraine. Quoi qu'il arrive, les citoyens de ces deux contrées resteront nos compatriotes et

---

1. Keller.

nos frères, et la République leur promet une re-
vendication éternelle.

Nous pressons cordialement la main que vous
nous tendez.

Salut et Fraternité.

Il ne lui restait plus qu'à attendre quarante-
sept ans...

XIV

LES ROSES
L'AFFAIRE DREYFUS
« SI TU VEUX ME VENGER, TRAVAILLE ! »
M. CLEMENCEAU PROFESSEUR AU COLLÈGE
DE JEUNES FILLES DE STAMFORD (CONNECTICUT)
« QUOI DIRE ? »

26 juin 1928.

MOI

Bonjour, Monsieur. Vous avez le sourire.

M. CLEMENCEAU

J'ai toujours le sourire, Monsieur Martet.

MOI

Euh ! je vous ai connu à de certaines heures
où vous ne l'aviez guère !

M. CLEMENCEAU

Par exemple ?

MOI

En juillet 16, quand, ayant prononcé votre
premier discours contre M. Malvy, en Comité Se-

cret[1] vous avez eu six voix, dont la vôtre. Vous travaillez ?

M. CLEMENCEAU

Oui. J'aurai fini avant de partir. Ce matin, à onze heures et demie, j'ai rendez-vous aux Nymphéas avec Paul Léon. Quand vous pensez qu'il n'y a pas de guide pour les toiles de Monet ! Les gens qui viennent là, des étrangers... des femmes... de petits jeunes gens qui veulent pouvoir raconter à table qu'ils ont ressenti une émotion... ils demandent aux gardiens : « Il n'y a pas de guide ? » On leur répond : « Non. » Alors ils sont tout désorientés et ils s'en vont. On n'admire les choses que quand elles portent une étiquette. J'en ai parlé à Léon, qui n'a pas l'air convaincu. Je le convaincrai ce matin sur place. Vous comprenez : il y a un ordre dans toutes ces toiles ; il faut l'expliquer. Et il y a un homme qui peut faire ça. C'est Louis Gillet, l'auteur des *Variations sur Monet*, que voici. (*Le livre est sur la table.*) Vous l'avez lu ?

MOI

Non.

M. CLEMENCEAU

Qu'est-ce que vous lisez ?

MOI

Des romans d'amour.

M. CLEMENCEAU

Quand aurez-vous vingt ans ? Louis Gillet est canadien et ultra-catholique. Mais ça n'apparaît pas trop dans son livre. Il fera ça convenable-

---

1. Au Sénat.

ment. Il n'y a pas grand'chose à dire, d'ailleurs : une page, deux pages par panneau. Mais il faut le dire. Il ne faut pas que ces gens-là se figurent que parce qu'ils ont hospitalisé les toiles de Monet, ils en ont fini avec lui. Je suis allé l'autre jour aux Nymphéas. Il y avait à côté l'Exposition Canine. Pour l'Exposition Canine, on avait mis un écriteau haut comme ça et pour Monet une toute petite pancarte. C'est tout naturel. Les oppositions que Monet a rencontrées durant sa vie doivent se continuer de cette façon-là. C'est pourquoi je ne suis pas mécontent d'écrire mon bouquin. Ça les embêtera. Monet est Monet. Il ne faut pas qu'ils l'oublient.

MOI

Votre livre est important ?

M. CLEMENCEAU

Non. 125 pages environ. L'importance du *Démosthène*.

MOI

Vous pouvez travailler avec cette chaleur d'orage ?

M. CLEMENCEAU

Je suis si bien là ! J'ai la fenêtre ouverte. Quand je suis fatigué, je vais cueillir une rose dans le jardin. (*Sur la table, il y a quatre ou cinq roses jaunes, décapitées au ras de la fleur et piquées chacune dans un petit vase japonais, de bronze ou de grès.*) Il y en a une, en ce moment, qui est d'une couleur extraordinaire ! On dirait une jeune fille à qui on vient de dire une chose un peu leste. A propos de roses, j'ai reçu la visite de Mandel. Il s'est assis dans ce fauteuil, a déversé magnifiquement un flot de paroles, qui ne m'ont pas paru avoir un sens trop précis. Mandel est de la race des Prophètes. Il reste assez volontiers dans le vague...

MOI

Est-ce qu'il a voté pour le franc à quat' sous ?

M. CLEMENCEAU

Non. Il a voté contre[1]. Il a un mérite, Mandel : il pousse en avant et il se fout d'être seul. C'est peut-être qu'il ne cherche ses idées qu'en lui, au lieu de les mendier chez les autres. Les Juifs vont-ils au Paradis ? Ça m'embêterait d'être séparé de Mandel...

MOI

Dieu ne ferait pas ça !

M. CLEMENCEAU

Voilà donc mon rapport, Monsieur Martet. Et le vôtre ?

MOI

Oh ! Monsieur, j'ai une quinzaine de choses à vous dire !

M. CLEMENCEAU

Ah ! Commencez par la quinzième.

MOI

Votre note sur Foch ?

M. CLEMENCEAU

Je vais m'y mettre dès que j'aurai à peu près fini *Monet*. Quatorzièmement ?

MOI

Ne m'aviez-vous pas dit, un jour, que vous aviez des lettres de Mathieu Dreyfus qui éclai-

---

1. L'ensemble du projet de loi monétaire fut adopté à la Chambre par 450 voix contre 18. Parmi les 18 : Mandel.

raient certains points de l'Affaire Dreyfus et que, si vous les retrouviez, vous me les donneriez ?

M. CLEMENCEAU

Je ne me souviens pas de ça. Je ne crois pas avoir gardé des lettres de Mathieu Dreyfus. Si j'en ai gardé, j'ignore totalement ce que j'en ai fait. Les papiers et moi, vous savez... D'ailleurs, je ne vois pas quels éclaircissements ces lettres pourraient vous apporter, et, en outre, Mathieu Dreyfus est un brave homme, gentil... Je suis sûr que si vous étiez embarrassé et que vous ayez besoin d'un renseignement, il ne vous le refuserait pas.

MOI

Quels rapports y a-t-il entre Mathieu et Alfred ?

M. CLEMENCEAU

C'est son frère.

MOI

Je veux dire : comment sont-ils intellectuellement l'un par rapport à l'autre ?

M. CLEMENCEAU

Quand Dreyfus est revenu de l'Ile du Diable, Mathieu Dreyfus m'a écrit : « Je vais vous l'amener. » C'était une curiosité... pensez donc ! le traître qui n'avait pas trahi ! Mathieu Dreyfus arrive avec un homme... Je le regarde. Je me dis : « Tiens ! ça n'est pas son frère... Qu'est-ce que ça peut être que cet homme-là ? » Il avait l'air d'un marchand de crayons. C'était Dreyfus.

MOI

Qu'est-ce qu'il a compris à l'Affaire Dreyfus ?

M. CLEMENCEAU

Rien. C'est le seul qui n'y ait rien compris. Il a été inférieur à l'Affaire Dreyfus de je ne sais combien d'abîmes. C'est beaucoup mieux comme ça, d'ailleurs. On ne pourra nous reprocher de nous être laissé entraîner par son fluide. Il n'en avait pas pour deux sous. Pauvre Dreyfus ! Tout ce qui est arrivé, c'est, comme bien vous pensez, pleinement, follement de sa faute. Vous comprenez : on lui fait écrire quelque chose... sa main tremble... On lui dit : « Ah ! Ah ! Votre main tremble, capitaine ! »

« Il bafouille je ne sais quoi. Il aurait répondu :

« — Ma main tremble ? Et alors ? Qu'est-ce que vous en concluez ? Que j'ai trahi ? Je vous préviens que vous avez beau être mon supérieur, si vous faites seulement semblant d'insinuer des choses pareilles, je vous flanque ma main sur la figure !

« Ça les aurait un peu calmés.

MOI

Vous aviez commencé par croire à la culpabilité de Dreyfus ?

M. CLEMENCEAU

Naturellement. Il fallait commencer par là[1]. Quelle époque, celle-là aussi ! Et au bout du compte elle a fait du bien, elle a lavé. On ne pouvait pas aller à la guerre en traînant ce chancre-là. Bien entendu, sitôt l'affaire finie, les gens

---

1. Il avait écrit dans la *Justice* : « *Alfred Dreyfus est un traître et je ne fais à aucun soldat l'injure de le mettre en parallèle avec ce misérable.* »

se sont débandés, chacun a repris sa position...
Mais le travail était fait.

« Pendant la guerre, j'ai rencontré de tout, des dreyfusards, des anti-dreyfusards, et parmi ceux-ci, des anti-dreyfusards enragés, qui voyaient rouge et menaçaient de tomber en attaque chaque fois qu'on ouvrait la bouche là-dessus... des imbéciles pour la plupart... Et d'autres, — c'est curieux, — qui étaient des hommes ayant du sens, ayant une tête sur leurs épaules... Mais ils n'aimaient pas les juifs. Alors ils pensaient que, par haine du juif et par amour pour une sorte de patrie qu'ils s'étaient fabriquée arbitrairement, en dehors de tout, on pouvait piétiner la raison, la justice, l'humanité... C'est peut-être aller un peu loin.

MOI

On peut tout de même difficilement avoir des doutes sur la culpabilité d'Estherazy...

M. CLEMENCEAU

Il a tout avoué. Mais vous savez : une histoire comme ça, ça devient une affaire de foi, d'hypnotisme collectif, — comme Jésus marchant sur les flots. On peut toujours leur dire : « Mais on ne peut pas marcher sur les flots ! » Ils vous répondront : « Expliquez ça comme vous voudrez... Je l'ai vu ! » A quoi il n'y a évidemment rien à répliquer. Dès l'instant qu'on ne discute plus sur le point de savoir si Dreyfus est coupable ou non, mais sur le point de savoir si les Juifs sont néfastes ou non, s'il est utile ou non que le coupable soit un Juif, s'il est mauvais pour la patrie et pour l'armée qu'un conseil de

guerre ait pu se tromper, etc., ça peut vous emmener au bout du monde[1].

MOI

Vous m'aviez dit aussi que vous me feriez lire
votre travail sur les Dettes...

M. CLEMENCEAU

Oui. C'est facile. C'est là... dans un coin...
Je vous le donnerai tout à l'heure. Et ensuite,
Monsieur Martet ?

MOI

Ensuite, Monsieur, — c'est assez compliqué.
Je voudrais vous demander comment votre esprit s'est formé. J'avoue que la chose est assez
confuse pour moi. Je ne vois même pas les in-
fluences qui ont agi sur vous.

*M. Clemenceau a commencé par
ouvrir de grands yeux. Trois secondes après, sa surprise s'était
calmée et il s'était mis à ordon-
ner, à débrouiller ses idées.*

---

1. A la veille de l'armistice, M. Clemenceau recevait la
lettre suivante :

Monsieur le Président et Cher Monsieur,

*J'ai voulu laisser écouler le flot de félicitations que vous
recevez pour vous adresser mes meilleurs vœux à l'occasion
de votre anniversaire. Je ne suis pas oublieux du passé et j'ai
la mémoire fidèle. Mais ce que je veux vous dire aujourd'hui,
c'est le sentiment que tout le monde éprouve de la marche
vers la victoire, sentiment qui vous fait attribuer par nos poi-
lus le très beau surnom du « Père La Victoire ».*

Veuillez agréer l'assurance de mes sentiments bien dévoués.

ALFRED DREYFUS.

*Lieutenant-colonel Dreyfus,
Commandant le parc d'artillerie
à Orléans.*

M. CLEMENCEAU

Ah ! bien, je crois que la seule influence qui ait eu quelque effet sur moi, c'est... oui, c'est celle de mon père[1]. Où lui-même avait-il puisé ses idées ? Ça n'est pas en tout cas dans sa famille, où à peu près tout lui était hostile. Je crois qu'il les tenait de Michelet, dont il parlait toujours avec le plus grand respect. Mon père, au fond, était un romantique, qui avait transporté dans la politique, dans la sociologie, les idées littéraires de Victor Hugo et de ces gens-là.

« Dans le courant de la journée, je ne voyais pas beaucoup mon père, qui ne fichait rien et qui, comme tous les hommes qui ne fichent rien, était assez occupé. Mais, à table, — mon père n'était pas un homme qui attachât une grande importance aux plaisirs de la table, — il parlait beaucoup de ses lectures, il lâchait sa philosophie en boutades, et peu à peu ça entrait en moi. Il parlait de Danton, de Robespierre... Il était pour Robespierre, contre Danton... Je dois dire que je n'étais pas pour Danton...

MOI

Pour Robespierre non plus ?

M. CLEMENCEAU

Non plus, fichtre ! Quels piètres bonshommes que tout ça ! Où l'influence de mon père a achevé de s'emparer de moi, c'est quand, à Nantes, au

---

1. Geffroy a fait un très beau portrait du père de M. Clemenceau : « *Les mains derrière le dos, sous son veston gris, coiffé de son chapeau de paille, chaussé de gros souliers, la face rasée, aux yeux perçants, sur lesquels miroitaient des lunettes, un demi-sourire errant à ses lèvres soigneusement rasées...* »

lycée je suis entré en philosophie. J'étais externe. Alors le soir, à dîner, mon père...

MOI

Vos parents habitaient donc Nantes à ce moment ?

M. CLEMENCEAU

Oui[1]. Mon père était vaguement quelque chose comme médecin. Heureusement qu'il n'a jamais eu un seul malade, — il le tuait net ! Il me disait donc à dîner : « Qu'est-ce que tu as appris aujourd'hui ? » Je le lui disais. Je lui racontais les théories cléricales qu'on m'avait servies dans la journée, sur l'âme, la vie, la mort, etc., etc., et il les discutait. J'étais pris entre deux feux. Le lendemain, en classe, j'avais mon franc parler, je me retournais vers mon professeur de philosophie et lui disais : « Mais enfin, Monsieur ! il y a un argument qui s'oppose à ce que vous racontez là ! Comment pouvez-vous concilier cette chose... et cette autre ? »

MOI

C'était votre début dans les interpellations...

M. CLEMENCEAU

Une fois, j'ai dit à mon professeur en tendant le doigt vers lui, comme ceci :

« — Mais vous vous perdez !

« Il m'a répondu :

« — Sortez !

« Mon père, à Nantes, fréquentait un cabinet de lecture... j'ai encore aperçu la maison, il y a quelque temps... le cabinet du père Plançon...

---

1. 8, rue du Calvaire.

je ne sais pas si ça existe toujours. Il y avait là une pièce grande... un peu plus grande que cette chambre, où venaient lire et bavarder des gens... bizarres... qui avaient vu la Révolution, Napoléon. Il y en avait un dont mon père me disait :

« — Tu vois cet homme là-bas, dans le coin ? C'est un ancien ami de Marat ! »

« Je ne savais pas très bien qui était Marat, ce qu'il avait fait. Mais Marat, c'est un nom énorme, qui frappe, à cause de tout ce sang, de cette baignoire, de Charlotte Corday. J'avais donc pour ce bonhomme une grande considération.

« Tous ces gens étaient des bourgeois paisibles, indulgents, parmi lesquels il y avait, naturellement, des mouchards. Mon père se promenait, allait et venait dans cette pièce, en tenant des discours contre l'Empire, contre les prêtres. Et il en tenait tellement qu'en 58, on l'a arrêté. C'était à propos de l'attentat d'Orsini. Je n'ai pas besoin de vous dire que mon père avait été mêlé aux affaires d'Orsini à peu près comme vous et moi. Et je me rappelle qu'avec ma mère nous étions allés le voir en prison, lui porter sa petite valise, car il allait être envoyé en Algérie, et, devant les mouchards, je me suis approché de lui, je lui ai dit :

« — Je te vengerai !

« Il m'a répondu :

« — Si tu veux me venger, travaille[1] !

1. Certains ont voulu placer cette scène sept ans plus tôt. Geffroy, notamment, écrit : « *Arrêté lors du coup d'État de 1851...* » Georges Clemenceau eût été bien jeune...

« Il est parti. Et puis on a dû s'apercevoir qu'il n'était pas très redoutable... Il avait un peu d'argent et par conséquent il ne flanquerait jamais la société bien bas... Il était arrivé à Marseille. Il allait s'embarquer. On a reçu l'ordre de le laisser revenir. Alors il y a eu une scène énorme entre mon père et le préfet ; mon père disait au préfet, lui criant cela à tue-tête :

« — Et vous savez ! je n'ai pas besoin de faire faire à mon fils le serment d'Hannibal ! Vous aurez du fil à retordre avec ce petit[1] !

MOI

Et votre père est revenu à Nantes ?

M. CLEMENCEAU

Oui. En résidence forcée. Il n'avait pas le droit de quitter Nantes. Alors, comme, à ce moment, nous étions réfugiés à l'Aubraie, il laissait sa fenêtre, ses contrevents ouverts, pour faire croire qu'il y avait quelqu'un dans l'appartement, — nous habitions au rez-de-chaussée, on aurait pu cambrioler toute la boutique, — il sautait à cheval, arrivait à l'Aubraie, en tâchant d'éviter les gendarmes.

« Et ça se serait passé assez gentiment si ma sœur Emma, — celle de mes sœurs qui n'est

---

1. Une petite brochure citée par M. Henry Cassira — *Les Suspects en 1858* — donne les noms des « complices » de M. Clemenceau : « *Quelques jours après l'attentat d'Orsini, le bruit se répandait à Nantes, que des ordres, arrivés de Paris, enjoignaient d'arrêter un certain nombre de citoyens honorables, connus comme républicains, dont les noms suivent : Clemenceau, docteur-médecin ; Masselin, typographe ; Even, couvreur ; Pageot, tanneur ; Leseux, ouvrier.* »

pas encore morte, — n'était devenue folle de saisissement en apprenant l'arrestation de mon père. Elle est restée folle dix-huit mois. Il a fallu lui réapprendre à lire [1].

« De mon père, qui était un homme extraordinaire, peu agréable à approcher, bouillonnant, je me rappelle deux scènes, qu'on m'a peut-être racontées, que j'ai peut-être vues... L'une, c'est pendant les journées de juin. Il faut vous dire que j'avais un oncle, Paul Clemenceau, frère de mon père, un homme tout à fait charmant, un peu réactionnaire...

MOI

Qu'est-ce qu'il faisait ?

M. CLEMENCEAU

Il était chasseur. On ne l'a jamais connu faisant autre chose. Il avait une meute et un piqueur, et, avec ça, il allait chasser chez les nobles du pays, s'invitant, un peu pique-assiette, et on ne se faisait pas faute chez nous de le lui

---

1. *Les Suspects en 1858 : « Le docteur Clemenceau n'avait rien d'un conspirateur ; mais, esprit fin, délicat, il avait plus d'une fois couvert de ses sarcasmes certains personnages qui le haïssaient à cause de ses bons mots, incisifs et mordants. Il allait être embarqué pour l'Afrique lorsqu'un événement grave, qui avait profondément agité l'opinion publique à Nantes, força, en quelque sorte, l'autorité à le relaxer. Au moment de son enlèvement, en effet, sa fille, jeune personne d'une grande distinction, avait été subitement frappée d'une attaque de catalepsie, à la suite de laquelle elle perdit la parole. Elle resta plusieurs mois entre la vie et la mort. La ville de Nantes tout entière s'associa aux malheurs de cette infortunée famille et la réprobation se manifesta d'une façon si énergique que le pouvoir n'hésita pas à faire revenir le docteur Clemenceau. »*

reprocher. Eh bien ! quand l'Assemblée s'était sentie menacée, elle avait fait appel au secours de la province contre les Parisiens. Tous les bourgeois vendéens s'étaient équipés, armés, et, un jour, je me rappelle... entrant dans la cuisine, j'avais vu le piqueur de mon oncle en train de fondre des balles ! c'était mon oncle Paul qui s'apprêtait à partir... Mon père avait appris ça. Il était arrivé en coup de vent et avait dit à mon oncle :

« — Paul, si tu pars défendre ces saligauds, je pars moi aussi : je vais me mettre du côté des Parisiens !

« Et finalement personne n'était parti. Les deux frères s'aimaient bien. Mon oncle Paul était un homme naturellement bon et charmant...

MOI

Qu'est-ce qu'il est devenu ?

M. CLEMENCEAU

Ce que nous devenons tous. Il est mort, ce qui a permis à mon père de nous élever ; car il n'était pas riche. Avec l'argent de mon oncle, comme mon père était ordonné, qu'il faisait attention, dépensait très peu, il s'en est tiré.

MOI

L'autre scène ?

M. CLEMENCEAU

C'est quand mon père, en 58, a été arrêté ; il y a un ami de mon père, un brave homme, pas très fort, qui est arrivé triomphant, en lui disant :

« — J'ai pu avoir une lettre de recommanda-

tion de Mgr l'évêque de Nantes pour Mgr l'évêque d'Alger.

« — Fous-moi le camp, espèce d'idiot ! C'est
toi et tes pareils qui m'envoyez là-bas !

« Il déchire la lettre, — et voilà.

MOI

Combien de temps après votre naissance avez-
vous quitté Mouilleron ?

M. CLEMENCEAU

Je devais avoir deux ans ou deux ans et demi.

MOI

Où êtes-vous allé ?

M. CLEMENCEAU

Nous sommes allés à Nantes.

MOI

Vous n'êtes pas allé à l'Aubraie ?

M. CLEMENCEAU

Eh bien ! nous y allions de temps en temps.
Mon père adorait le cheval. Mes frères et moi
nous avons été élevés à cheval.

MOI

Et vos études ? Avant d'aller au collège ?

M. CLEMENCEAU

C'est d'abord ma mère qui s'est occupée de ça.
Il faut vous dire qu'elle a élevé toutes mes sœurs.
Il n'y en a pas une qui soit allée en pension. Ma
mère était une femme admirable[1]. Elle a appris le latin pour pouvoir me l'enseigner. Après

---

1. Bernier me montrait une lettre adressée par Mme Clemenceau à son fils. Elle se termine par ces mots : « *Adieu,
chef fils bien-aimé. Porte-toi bien surtout et crois-moi celle
qui sait le mieux t'aimer ici-bas...* »

quoi je suis allé dans un petit cours privé. Puis je suis entré au lycée. Je me rappelle que j'y suis entré en cinquième.

MOI

Quel souvenir en gardez-vous ?

M. CLEMENCEAU

Bon. Je me rends compte aujourd'hui qu'ils ne m'ont rien appris de ce qu'ils auraient dû m'apprendre. Mon professeur de cinquième était le père de Vallès, un homme violent, qui avait toujours l'air de vouloir tout avaler, pas méchant pour deux sous... J'ai eu un professeur d'histoire et de géographie... comment s'appelait-il donc ? Grégoire ! il a fait des livres qui sont assez connus... eh bien ! figurez-vous qu'il m'a enseigné la géographie sans atlas. Il dictait ses cours : « La Loire reçoit comme affluents de droite... » Et en histoire la même chose : « Dagobert II est monté sur le trône en... » Est-ce que c'est toujours pareil dans les collèges ?

MOI

J'ai eu un professeur de physique qui dictait ses cours tout pareillement : « Le fond de l'œil est tapissé par les ramifications d'un nerf (il prononçait nerfff) qu'on appelle le nerfff o-pe-tique... »

M. CLEMENCEAU

C'est effrayant ! On me faisait traduire Démosthène à raison de trois lignes par mois. Juste ce qu'il fallait pour m'en dégoûter à jamais. Quand j'ai voulu avoir une traduction de Démosthène en français, pour essayer, tout de même, d'y comprendre quelque chose, il a fallu que je me fisse donner une autorisation par mon père. Je suis resté là jusqu'au bachot [1].

MOI

Etiez-vous bon élève ?

M. CLEMENCEAU

Pas trop. Je ne crois pas avoir eu des quantités de prix [2]. Pour le bachot, mon père m'avait promis, si j'étais reçu, de me donner dix francs. J'ai été reçu. Je les attends toujours.

MOI

Après le bachot vous avez préparé tout de suite votre médecine ?

M. CLEMENCEAU

Sans hésitation. Mon père avait été médecin.

1. Le 27 mai 1922, M. Clemenceau assista à l'inauguration du Monument aux Morts du Lycée de Nantes. Il prononça plusieurs allocutions. Dans l'une : « *J'ai passé par ce vieux lycée, dit-il. En ce temps, les petits n'étaient pas très raisonnables. Ils avaient le nez insolent, la bouche mordante et du bon soleil dans les yeux. Ils sont devenus des hommes ; à quel prix ? Je ne sais trop de quel œil vous me voyez. Peut-être comme un de ces vieux hibous, battant de l'aile au vent, cloué par nos paysans à la porte des granges pour le crime, selon le fabuliste, de voir clair la nuit. Le hibou à Athènes fut l'oiseau de la sagesse...* »

2. On s'est amusé à rechercher les prix et accessits obtenus par l'élève Clemenceau :

Cinquième : Quatrième accessit de thème latin ; deuxième accessit de récitation classique et débit.

Quatrième : Rien.

Troisième : Deuxième accessit d'anglais ; deuxième accessit de débit.

Seconde : Troisième accessit de chimie ; troisième accessit de récitation.

Rhétorique : Deuxième prix d'histoire naturelle ; des accessits de discours français et de langue anglaise.

En philosophie, l'élève Clemenceau se révèle : il remporte le premier prix de version latine et le premier prix de dissertation française.

Mon grand-père. Mon arrière-grand-père. J'ai fait mon P. C. N. et je suis entré à la Faculté.

MOI

Bon souvenir ?

M. CLEMENCEAU

Excellent. Quand on veut faire sa médecine proprement, il n'y a pas de doute : il faut la faire en province. D'abord on a de la dissection tant qu'on veut. Les macchabées ne manquent pas. Puis l'atmosphère est bonne. Il se crée entre professeurs et étudiants des liens qui ne se créent pas à Paris. Il n'y avait qu'un ennui : les bonnes sœurs. Elles menaient tout. Je descendais dans leur jardin et je leur bouffais leurs abricots. Je leur disais :

« — Mais qu'est-ce que ça peut vous faire ? Puisque de toute façon ça n'ira pas aux malades !

« Pour un exercice de ce genre j'ai été flanqué à la porte pendant quinze jours. D'ailleurs, il y a quelque temps, j'y suis retourné ; c'était exactement la même chose. J'ai voulu visiter l'amphithéâtre. On m'a dit :

« — C'est bien ennuyeux. C'est une sœur qui a la clef et elle est à la messe.

MOI

Vous avez eu au fond une jeunesse délicieuse...

M. CLEMENCEAU

Oui. Je m'en rends compte. Ajoutez par là-dessus une arrière-cousine de mon grand-père qui avait failli épouser mon grand-père et qui, finalement, avait épousé un garde du corps de Charles X, lequel, en cavalcadant dans les Champs-Élysées, s'était écrasé les... Ce garde du corps, donc, et sa femme, qui, pour s'être cassé ce qu'il n'aurait pas dû se casser, n'avaient pas eu d'enfants, habitaient un château, la Vachonnière, près de Mortagne. Un joli château. Ce qui ne les empêchait pas d'avoir une belle propriété à Mortagne... Ça appartient aujourd'hui à un certain M. de Grandcourt. Nous irons le voir... C'est là, quand je voulais aller faire la noce, avec des créatures, que je trouvais mes alibis. J'allais passer quatorze jours à Nantes et un jour à la Vachonnière.

MOI

Et puis vous avez passé votre thèse...

M. CLEMENCEAU

Oui. Sur la Génération des Éléments Anatomiques.

MOI

Je ne l'ai pas lue. Je voudrais bien la lire.

M. CLEMENCEAU

Oh ! ça n'a aucun intérêt. C'est une compilation. Mais enfin il y a deux ou trois passages qui pourront peut-être vous amuser. (*Il se lève et va prendre un livre sur la commode.*) Tenez. C'est la seconde édition. C'est celle où il y a la préface de Robin. Elle a été éditée par un homme qui s'appelait Germer-Baillère, qui m'avait proposé de rééditer ma thèse en échange d'une traduction d'un bouquin de Stuart Mill. Quand je suis parti pour l'Amérique, j'ai emporté le bouquin de Stuart Mill. Je l'ai traduit là-bas. Ce fut mon apprentissage de l'anglais [1].

MOI

Vous êtes parti pour l'Amérique en 65. Vous en êtes revenu en 69. Qu'est-ce que vous avez fait là-bas ?

M. CLEMENCEAU

A cause de deux ou trois dames qui m'avaient accordé leurs faveurs je m'étais fixé à New-York. Par la suite j'ai donné des leçons de français dans un collège de jeunes filles, à Stamford (Connecticut). J'y allais le lundi ; je revenais le mardi. Je couchais là-bas le lundi soir. Qu'est-ce que je leur apprenais ? Un peu de français... Je leur ai appris à monter à cheval. De temps en temps elles dégringolaient dans les fossés. C'est à New-York que je me suis marié [2].

1. *Auguste Comte et le Positivisme*, traduction par le Docteur Georges Clemenceau, Paris, Germer-Baillère, 1868.
Nouvelle édition chez Alcan, en 1893.

2. *Le Maire de la commune de la Réorthe, canton de Sainte-Hermine (Vendée), certifie avoir publié et affiché les dimanches neuf et seize mai présent mois, les publications de mariage entre M. Georges-Benjamin Clemenceau, docteur-médecin, âgé de vint-sept ans, né à Mouilleron-en-Pareds, et domicilié à la Réorthe, célibataire, fils majeur et légitime de M. Benjamin Clemenceau et de dame Emma Gautreau, propriétaires, domiciliés à la Réorthe.*

« Et Mademoiselle Mary Plummer, propriétaire, née et domiciliée à Springfield, Massachussetts (Etats-Unis d'Amérique), âgée de dix-neuf ans, célibataire, fille mineure et légitime de feu M. Plummer et de dame Mary Taylor, domiciliée à Springfield.

« Certifions en outre qu'aucune opposition au dit mariage ne nous a été signifiée.

« Mairie de la Réorthe, le 23 mai 1869.
« Le Maire : A. GAULY. »

Le mariage fut célébré à New-York, le 23 juin.

MOI

Vous n'avez pas gardé de relations avec d'anciens camarades du collège de Nantes ?

M. CLEMENCEAU

Eh bien ! il y en avait quatre qui me flanquaient des piles tant qu'ils voulaient, sur tous les terrains. L'un est devenu percepteur je ne sais où, l'autre commis des douanes, le troisième clerc de notaire et le quatrième... je ne sais quoi... encore moins que ça... C'est ce qui prouve qu'il ne faut pas attacher une trop grande importance aux succès scolaires.

MOI

Vous aimez bien évoquer vos souvenirs de jeunesse...

M. CLEMENCEAU

Ah ! c'est que j'ai eu une jeunesse ! Je revois tous ces gens... Il y en avait de médiocres... Il y en avait de bien... de très bien... Ma grand'mère Joubert était une femme d'un joli modèle. C'est elle qui avait assisté à la prise de Montaigu par les Chouans. Les Chouans avaient, en fait d'artillerie, un vieux canon, qui venait, je ne sais pourquoi, du château de Richelieu. Je vous ai raconté aussi qu'apercevant un Chouan qui n'était armé que d'un bâton, elle lui avait dit :

« — Mais avec quoi vous battez-vous, mon brave homme ? Vous n'avez pas de fusil ?

« — Oh ! non, Madame, il n'y en a pas pour tout le monde.

« — Alors qu'est-ce que vous faites ?

« — Eh bien ! quand la bataille commence,

je m'agenouille dans un coin et je dis mon chapelet.

« C'est bien, hein ?

« Il y en a aussi un que je regrette : c'est mon oncle Paul. Il était aimé de tout le monde. Un jour mon frère Paul était allé à l'Aubraie. Mon grand-père l'a regardé, comme ça, et lui a dit :

« — Tu portes un nom qui nous est bien cher...

« Mon grand-père était maire de la Réorthe, d'où dépend l'Aubraie. Quand mon père, en 58, a été relâché, il est allé trouver mon grand-père et lui a déclaré :

« — Tu m'entends bien ? tu vas donner immédiatement ta démission de maire ou tu ne me revois de ta vie !

« C'est sur ce ton qu'il lui parlait. On comprend que mon grand-père ait eu des préférences pour Paul, qui, lui, était souriant et se fichait de tout.

MOI

Est-ce que vous ne pourriez pas me donner votre étude sur les Dettes ?

M. CLEMENCEAU

Ah ! oui... (*Il prend le manuscrit dans son armoire à glace.*) Tenez. Je vous donne aussi la poussière.

MOI

Me permettez-vous de revenir cette semaine ?

M. CLEMENCEAU

Revenez. Je ne vous ai pas tout dit. Je ne vous ai pas raconté mes souvenirs de prison. Quand je vous aurai tout dit, je vous emmènerai en Vendée et je vous ferai passer dans des coins extraordinaires ou, du moins, qui, un jour de ma vie, m'ont paru tels... Le Bocage est une chose inouïe ! Je vous montrerai ce bois de la Folie qui est sûrement un ancien bois sacré... Il est là... Il domine tout le pays... On n'y touche pas. Les gens disent que c'est un repère pour les bateaux. C'est faux. On n'y touche pas parce que d'âge en âge le mot s'est transmis...

« Vous verrez : les Vendéens sont des gens agréables. Les Vendéennes sont de petites femmes carrées, qui n'ont pas l'air de bouger, qui ne disent rien, quelle que soit la circonstance. Il y avait — encore une histoire, Martet — une fille que nous connaissions. Un jour elle fait appeler mon père. Il y a quelque chose qui n'allait pas. Pour tout dire elle avait besoin d'accoucher. Mon père lui dit :

« — Mais comment ça s'est-il produit ?

« — Eh bien ! dit-elle, voilà. Il passait sur la route un commis-voyageur, à cheval.

« — Ah ! et alors il s'est mis à te raconter des blagues et tu lui as répondu... et de fil en aiguille...

« — Non. Il est descendu de son cheval, il l'a attaché à une branche, et ça s'est fait comme ça.

« — Et tu n'as rien dit ?

« — Non... Quoi dire ?

XV

LES DETTES
LA THÈSE DE MÉDECINE
M. CLEMENCEAU
ET LA PRÉSIDENCE DE LA RÉPUBLIQUE
« COMME SI JE LUI AVAIS PASSÉ UN CAILLOU ! »

29 juin 1928.

M. CLEMENCEAU

Je viens de découvrir un livre. Devinez ce que c'est.

MOI

?

M. CLEMENCEAU

L'Histoire Romaine de Mommsen.

MOI

Vous ne l'aviez jamais lu ?

M. CLEMENCEAU

Oh ! si. Mais je le relis. C'est que figurez-vous : l'idée m'est venue d'écrire un livre sur la Décadence Romaine.

MOI

Bonne idée. Ça fera pendant au *Démosthène*. On ne dira jamais trop aux gens ce que c'est que la décadence et comme quoi certaines façons de penser conduisent tout droit à la dégringolade.

M. CLEMENCEAU

N'est-ce pas ? Je crois que je vais pouvoir m'amuser avec ça...

MOI

Je vous rapporte votre travail sur les Dettes et votre thèse de médecine. Je ne veux pas vous faire de compliments pour votre travail sur les Dettes : car vous vous en moquez. Mais c'est bien. Tous les arguments y sont. C'est dit à la fois avec noblesse et avec une brutalité qui les secouera sans les blesser. Les Américains ne peuvent pas ne pas comprendre.

M. CLEMENCEAU

Je crois que ce sera Hoover qui sera élu. Smith a contre lui d'être catholique.

MOI

Ah ! il ne faut pas ?

M. CLEMENCEAU

Non. C'est très mauvais. Faites bien attention que le catholicisme là-bas n'est pas une institution d'État, comme ici. C'est une religion. Qu'est-ce que ça peut leur faire qu'un homme mange un pain à cacheter ou un morceau de pain ? Mais ils sont comme ça. Je ne publierai donc mon papier qu'après les élections et même je ne le publierai que si on ouvre la discussion sur les Dettes. Si la conversation s'engage, je dirai : « Pardon ! J'ai mon mot à dire, moi aussi ! »

MOI

Ensuite j'ai lu votre thèse...

M. CLEMENCEAU

Ah ? Ça vous a assommé ?

MOI

Pas du tout. Je la trouve très intéressante, au contraire. A cinquante ans de distance c'est un premier jet du *Soir de la Pensée*.

M. CLEMENCEAU

Oui ?

MOI

Mais oui !

M. CLEMENCEAU, *réfléchissant.*

C'est vrai... Il y a de ça.

MOI

Ce sont les mêmes idées et la même méthode. Les gens qui vous reprochent votre versatilité n'ont qu'à lire ça.

M. CLEMENCEAU

Oh ! les gens qui me reprochent ma versatilité ! ce sont surtout les gens qui estiment que la constance c'est le fait de ne penser à rien. Un croûton dans un coin ne change pas d'idées. Ils n'oublient qu'une chose : c'est que le croûton n'a pas d'idées.

MOI

Toutes vos théories sur la matière qu'on voit

dans *Au Soir de la Pensée* sont dans votre thèse. Vous n'avez pas varié d'une ligne.

M. CLEMENCEAU

J'en ai un autre exemplaire de l'autre côté ; je vous le donnerai. Celui-ci ne m'appartient pas.

MOI

Oui. Je vous remercie. Je suis surpris d'une chose... Comment vos examinateurs de 1865 ont-ils eu le courage d'accepter cette thèse-là ?

M. CLEMENCEAU

Non seulement ils l'ont acceptée. Mais ils m'ont donné un beau diplôme[1].

MOI

Ça n'était pourtant guère dans les idées de Napoléon III.

[1].

EMPIRE FRANÇAIS

Diplôme de Docteur en Médecine.

Au nom de l'Empereur,

Le Ministre Secrétaire d'État au département de l'Instruction Publique.

Vu le certificat d'aptitude au grade de Docteur en Médecine accordé, le 13 mai 1865, par les Professeurs de la Faculté de Médecine, Académie de Paris, au sieur Clemenceau (Georges-Benjamin), né à Mouilleron-en-Pareds, département de la Vendée, le 28 septembre 1841.

Vu l'approbation donnée à ce Certificat par le Recteur de ladite Académie,

Ratifiant le susdit Certificat,

Donne par ces présentes audit sieur Clemenceau, le diplôme de Docteur en Médecine, pour en jouir avec les droits et prérogatives qui y sont attachés par les lois, décrets et règlements.

Fait à Paris, sous le Sceau du Ministère de l'Instruction Publique.

Le 30 mai 1865.

Suivent les signatures, dont celle de l'impétrant : G. Clemenceau.

M. CLEMENCEAU

Pas précisément. Mais ne vous y trompez pas, malheureux : ils ne l'avaient pas lue[1]. C'était une chose à laquelle ils n'entendaient goutte et qui ne les intéressait pas. Au lieu de me questionner sur ma thèse, comme ils auraient dû le faire, il y a un membre du Jury, Potain, qui m'a interrogé... vous ne savez pas sur quoi ? sur la fièvre scarlatine ! C'est ce qui a fait crier Robin, qui était mon président de thèse et qui, lui, connaissait la question. Vous avez vu que c'est lui qui a écrit la préface de la seconde édition ?

MOI

Oui. J'ai vu aussi, dans cette seconde édition, que vous vous exprimiez avec chaleur sur l'origine des choses et que vous disiez leur fait, sans biaiser, à ces gens qui prétendent que de rien on peut tirer quelque chose...

M. CLEMENCEAU

Non ? Qu'est-ce que je racontais là-dessus ?

MOI

C'est une note à la fin du livre. (*Lisant.*) « *Qu'on se garde bien de croire que nous puissions attribuer au mot « origine »... la signification de « commencement ». Un commencement est, à vrai dire, quelque chose dont nous ne saurions nous faire aucune idée, n'en ayant jamais vu et n'en pouvant concevoir la possi-*

---

1. Raoul Ducray déclare que « les thèses dans le genre de celle du docteur étaient fort à la mode à cette époque. »

bilité. *Si la matière pouvait sortir de « rien », à coup sûr elle commencerait. Mais qu'est-ce que « rien »? Comment nous le représenter? Quelle idée en pouvons-nous avoir? Si je vais droit au sens de ce mot, je trouve une négation et pas autre chose. Notre esprit conçoit la matière et ne peut concevoir que la matière. Quand nous exprimons cette pensée : « rien », nous imaginons simplement une négation de la matière. Il est fort aisé de reconnaître que c'est là une subjectivité et sans aucune réalité...*

M. CLEMENCEAU

Mais naturellement !

MOI

« Rien, c'est non quelque chose. Quelque chose, une objectivité. Absence de quelque chose, une subjectivité. Ne pouvant comprendre rien, nous nous trouvons dans l'impossibilité de concevoir un commencement. Et non seulement nous ne pouvons le concevoir, mais nous pouvons affirmer qu'il ne peut y en avoir...

M. CLEMENCEAU

Ou alors la raison n'a plus de sens et rien ne sert d'écrire des livres...

MOI

« Ex nihilo nihil. Enfin, ce nihil eût-il quelque réalité, que tout commencement n'en demeurerait pas moins une chose inexplicable. L'apparition de la matière supposerait, en effet, un principe situé en dehors d'elle, une force sans substratum, quelque chose comme un attribut sans sujet, un non sens, en un mot...

M. CLEMENCEAU

Tout le *Soir de la Pensée* est là !

MOI

« *Cette idée de commencement est donc absolument vide et dépourvue de toute signification ; c'est une fausse monnaie dont il faut laisser les Don Quichotte de l'Idée pure se payer entre eux. Ce qu'ils appellent, en effet, l'origine des choses, c'est le commencement du monde, une impossibilité qu'ils expliquent, une chose tout à fait incompréhensible (je dis pour une cervelle saine) et qu'ils font profession de comprendre...* »

M. CLEMENCEAU

C'est très rigolo. Je ne me rappelais pas avoir dit ça. Je peux tourner ma plume trois fois dans l'encrier et tâcher de donner trente-six tours à ma pensée, je ne penserai jamais autrement. C'est d'ailleurs bien du temps perdu que de penser et d'écrire de telles choses. Il y aura toujours autant de gens à vous dire : « Le lundi Dieu a fait la lumière ; le mardi il a fait le soleil. » Car pour la Bible c'est comme ça que le Bon Dieu a travaillé. Il a d'abord fait la lumière et ensuite il a fait la source de cette lumière. Il y a des millions de gens qui lisent ça et qui répètent ça. Ils y croient dur comme fer. Vous comprenez : il y a deux choses pour l'homme. Il y a le domaine de la raison et il y a le domaine où il ne faut pas de raison... où il est défendu à la raison d'entrer... Alors ça peut durer longtemps comme ça. Tout à l'heure n'oubliez pas. Demandez-moi le bouquin. Ma première édition[1]. — Maintenant posez-moi des questions.

MOI

Eh bien ! Monsieur, j'ai retrouvé dans vos pa-

[1]. La couverture de la première édition porte :

De la génération
des
Éléments anatomiques
par
le Dr George (sic) Clemenceau
Ex-interne des Hôpitaux de Nantes,
Ex-interne provisoire des Hôpitaux de Paris.

Paris.
J.-B. Baillière et Fils,
Libraires de l'Académie Impériale de Médecine,
Rue Hautefeuille, 19.
1865

Il n'y a pas la préface de Robin. A la place on trouve une déclaration de l'auteur :

Observer exactement des phénomènes est le point de départ de la science : les grouper et les interpréter en est le but. Je n'apporte pas d'observations nouvelles ; je rassemble des faits.
Les opinions que j'exprimerai n'engagent que moi. Je ne les ai point parce que j'ai fait ce travail ; j'ai fait ce travail parce que je les avais.
Que M. Robin me permette de lui adresser mes remercîments pour l'obligeance avec laquelle il s'est mis à ma disposition, m'a aidé de ses conseils et m'a fourni tous les renseignements qui m'étaient si nécessaires.

La préface de Ch. Robin pour la seconde édition commence par ces mots : « *Le but de M. Clemenceau... a été d'exposer l'ensemble des faits particuliers et généraux dont l'étude l'a conduit aux convictions qu'il exprime, touchant le mode de génération des éléments anatomiques.* » Remplacez le « mode de génération des éléments anatomiques » par « le problème de l'univers » — ceci n'étant d'ailleurs que l'extension de cela — et vous avez une excellente épigraphe pour le *Soir de la Pensée.*

piers trace d'un homme avec qui vous étiez très lié avant de partir pour l'Amérique, en 65, qui s'appelait Jourdan.

M. CLEMENCEAU

Ah ! Jourdan ! je crois bien !

MOI

Qui est mort du choléra en 66 et qui a l'air d'avoir joué dans votre vie un rôle important...

M. CLEMENCEAU

Oui. C'est exact.

MOI

Qu'est-ce que c'était que Jourdan ?

M. CLEMENCEAU

Je l'avais connu pendant que j'étais étudiant en médecine, à Paris. Je l'avais rencontré à ce café qui fait le coin du boulevard Saint-Michel et du boulevard Saint-Germain... Vous voyez ? C'est là que se réunissaient ces gens qui s'appelaient Andrieux, Lefort... Jourdan avait peut-être vingt ans de plus que moi. Il descendait de Jourdan, le maréchal, l'homme de Fleurus. Et c'était un homme qui avait des idées, de la force, — une grande et chaleureuse éloquence. Il avait eu cette singulière fortune d'être procureur de Louis-Philippe dans cette île qui s'appelle... est-ce que c'est l'île Bourbon ? Non... La Réunion. — L'Ile Bourbon est devenue Maurice.

MOI

Ah ? Je croyais que Maurice avait été l'Ile de France...

M. CLEMENCEAU

Alors c'est ça. C'est Bourbon qui est devenue la Réunion. On s'y perd dans toutes ces îles...

« Je me rappelle — c'est une histoire — avoir rencontré à Ceylan, pendant mon voyage aux Indes, le gouverneur de l'Ile Maurice. Il parlait français comme vous et moi, et, comme je m'en étonnais, il me dit :

« — Mais je suis bien forcé ! Tout le monde parle français, là-bas, les journaux se publient en français, les théâtres jouent en français. Il y a quelque temps, des gens sont venus me dire : « Nous voudrions être rattachés à la France. » Je leur ai répondu : « Je n'y vois aucun inconvénient. Mais faites bien attention que l'année dernière l'Angleterre vous a acheté pour vingt millions de sucre. » Alors ils sont partis. Ils sont revenus le lendemain et ils m'ont dit : « Eh bien ! rien ne presse ! » Ça s'est arrangé comme ça.

« Où en étais-je ?

MOI

Jourdan...

M. CLEMENCEAU

Ah ! oui ! Il avait épousé une femme qui avait déjà eu un mari et qui avait apporté à Jourdan une petite fortune. Jourdan, qui n'était pas riche et qui était très délicat sur ces questions-là, bien qu'ancien procureur, témoignait un grand respect pour sa femme, l'appelait : « Madame », et, pour être plus sûr de ne pas tirer avantage de cet argent, il vivait complètement au dehors. Je ne sais même pas s'il cou-

chait avec sa femme : il devait avoir peur d'user
les draps. C'était un ménage assez curieux. Jourdan m'avait présenté à sa femme. J'étais devenu
un des amis de celle-ci, et, quand Jourdan est
mort, elle m'avait institué son légataire universel. Elle m'avait légué un Poussin... J'ai gardé
ce Poussin devant les yeux, — ou pas très loin,
— pendant des années. Puis je m'en suis lassé.
On se lasse assez facilement de Poussin... Alors
je l'ai vendu. Il est en Amérique. En ce qui
concerne Jourdan, j'avais pour lui une grande
amitié, doublée d'une grande considération.
Quand je suis parti pour les États-Unis, en 65,
nous avions décidé de rester en contact, de nous
écrire. J'ai retrouvé comme ça, l'autre jour, des
centaines de lettres de moi adressées à Jourdan.
Je les ai brûlées.

MOI

Vous avez eu tort.

M. CLEMENCEAU

Oh ! il faut brûler ! Et Jourdan m'écrivait...
Quand il est mort, j'ai eu vraiment l'impression
que j'avais perdu tout support à quoi m'accrocher... J'étais seul. J'ai eu un grand chagrin.
(*Il songe.*) Jourdan... Vous avez bien fait de me
parler de Jourdan. J'ai sa photographie, je crois.
Si je la retrouve, je vous la donnerai.

MOI

Et Pichat ?

M. CLEMENCEAU

Laurent Pichat devait une partie de sa gloire,
d'abord, à deux vers qu'on avait faits sur lui...
ah ! qu'est-ce que c'était donc que ces deux vers ?

Je sais qu'il s'agissait d'un combat naval entre Laurent Pichat et Empis...

Laurent Pichat, virant... et quelque chose...Empis
Lors, Empis, chavirant... dit : Tant pis !

« Ensuite, il était riche. Il faisait de la littérature, du journalisme. Comme tous ceux qui se respectent il avait fait un peu de prison pour avoir dit du mal de l'Empire.

MOI

Et Lefort ?

M. CLEMENCEAU

Lefort était un homme gentil, cordial. Nous nous réunissions chez lui, rue d'Enfer. Il faisait de petites besognes de journalisme. Il avait connu Victor Hugo, en exil. Il s'était même cru et s'était dit exilé comme lui... C'est à lui que mon père m'avait conduit en arrivant à Paris. Mon père tenait plus à me voir fréquenter Lefort que la Faculté : car, par Lefort, qui avait connu Hugo, recueilli son verbe, toutes les portes s'ouvraient. A ce café du boulevard Saint-Michel venaient aussi des étudiants en médecine. Ils n'avaient pas grand goût pour la République et se moquaient un peu de tout ça. Ils voulaient voir. Un jour, ils ont eu l'idée de fonder une Association. Ils m'ont nommé Président.

MOI

Je vois dans vos papiers qu'avant votre départ pour l'Amérique votre père vous avait emmené en Angleterre, voir Stuart Mill.

M. CLEMENCEAU

Oui.

MOI

Qu'est-ce qu'il vous a raconté ?

M. CLEMENCEAU

Oh ! des histoires sur le positivisme. J'allais traduire un bouquin de lui là-dessus. Nous avons causé de ça. (*Il se lève, sort de la chambre ; il revient avec un livre horriblement poussiéreux.*) Voilà ma thèse. C'est l'exemplaire que j'ai emporté en Amérique... Tiens ! il y a dedans des feuilles d'arbres que j'ai cueillies là-bas. (*Il me le tend.*) Tenez ! (*Un silence.*) Pauvre Jourdan ! Je le revois, dans ce café...

MOI

C'était une bien belle chose que la démocratie, en ce temps-là...

M. CLEMENCEAU

Oui. Comme tout ce qui est encore à naître.

MOI

J'ai aussi retrouvé dans vos papiers des documents concernant le 16 mai. Il y avait une sorte de comité des délégués des Gauches, dont faisaient partie Gambetta, Charles Floquet, etc., qui se réunissait chez Léon Renault et dont vous étiez secrétaire... Qu'est-ce que c'était que Léon Renault ?

M. CLEMENCEAU

Eh bien ! il est devenu Préfet de Police, le pauvre bougre ! et je crois qu'il vit encore, dans quelque coin. En ce temps-là, figurez-vous que Gambetta, qui était une espèce d'homme perdu

14

dans des mirages, s'était mis dans l'esprit de conspirer. Il s'était annexé un général, qui s'appelait, je crois, le Général Yung, et, avec l'aide de ce général, nous devions faire, Gambetta et moi, — car j'étais quelque chose comme son sous-verge, — nous devions faire des choses étonnantes. Ça devait se passer à Lille. Je n'ai pas besoin de vous peindre les conspirations de Gambetta : c'était quelque chose de tordant. J'avais naturellement pris ça très au sérieux. A cause de Gambetta. A cause de ce général... Parce que j'étais jeune et parce qu'il faut dire aussi, que, souvent, quand on prend comme cela les choses au sérieux, eh bien ! on ne sait jamais, elles peuvent devenir sérieuses. Les choses ne sont pas sérieuses en soi.

MOI

Non ?

M. CLEMENCEAU

Mais non. Elles sont sérieuses par ce qu'on y met de conviction. J'avais donc pris ça au sérieux et, à chaque député ou sénateur que j'amenais, je remettais un petit bout de papier, avec un numéro et l'indication de ce qu'il aurait à faire, le jour du grand jour. Nous nous réunissions dans un café... du côté de la rue du Bac... Là où maintenant doit se trouver la Caisse des Dépôts et Consignations. Mac-Mahon a arrêté tout ça, heureusement. Sans quoi il est bien évident que nous aurions tous été coffrés.

MOI

Mais vous ne faisiez pas part de vos projets aux délégués des Gauches ?

M. CLEMENCEAU

Non. Bien sûr.

MOI

Alors qu'est-ce qui se passait dans ce comité?

M. CLEMENCEAU

Rien. Comme toujours dans les comités. Il ne se passe jamais rien. On discutaillait dans le vide. Il y avait autant d'avis que de délégués et personne ne persuadait personne. Chacun parlait pour soi et n'écoutait que soi. Une fumisterie[1]. J'ai passé ma vie à faire de la politique

---

1. M. Clemenceau a rédigé lui-même à la plume — d'une écriture souvent illisible — le procès-verbal des séances de ce « Comité des délégués des Gauches de la Chambre des Députés ». Voici le compte rendu de la séance du 8 novembre 1877. Elle a lieu le matin chez M. Léon Renault.

Sont présents : MM. A. Proust, Louis Blanc, Clemenceau, L. Renault, Floquet, Lépine, Gambetta, Brisson, Albert Grévy, Goblet, J. Ferry, Lockroy. etc.

La séance est ouverte. M. Clemenceau est nommé secrétaire.

M. Gambetta est d'avis de faire précéder le débat sur les candidatures officielles prises individuellement, d'une discussion sur la candidature officielle en général ; discussion qui aura pour conclusion un jugement porté par la Chambre sur la politique électorale du Gouvernement, sur les griefs du pays contre cette politique, et sur les responsabilités qu'elle entraîne. Ce serait là l'œuvre d'une commission d'enquête, et comme cette commission ne peut être nommée qu'après la constitution de la Chambre, il y a lieu d'ajourner jusque-là l'examen de toutes les candidatures officielles. Si des membres de la droite essaient de retarder la constitution de la Chambre en ajournant leurs rapports sur l'élection des députés républicains, il appartiendra à leur bureau de les dessaisir du rapport qu'ils étaient chargés de présenter.

M. J. Ferry propose d'accepter la validation immédiate de l'élection des candidats officiels qui n'ont pas eu de concurrents, à la condition que le rapport sur ces élections flétrisse énergiquement la candidature officielle telle qu'elle se révèle par l'usage de l'affiche blanche.

M. Albert Grévy. — C'est écourter, c'est supprimer le débat.

avec des gens qui ne savaient pas ce qu'ils voulaient. Qui ne savaient même pas où ils étaient
et pourquoi ils y étaient... Peut-être ne l'avez-
vous pas remarqué : depuis que j'ai lâché ça,
il n'y a plus de Parlement. Il n'y a plus ni
majorité, ni minorité. Il n'y a plus que de
vagues coudoiements... Les gens ne savent plus
autour de quoi se grouper et derrière quoi se
mettre. Il faudrait un homme pour leur dire :
« Faites ça. » Alors ils seraient pour cet homme
ou contre. Plutôt contre. Car on est assez mal
vu d'une Assemblée quand on lui dit qu'il faut
faire quelque chose. Le Parlement actuel, ça n'est
rien. Il y a cinquante ans, ça n'était pas grand'-
chose.

MOI

Autre question, Monsieur ; je vous ramène à
1919-1920... C'est au sujet de la Présidence de
la République. On vous a reproché de n'avoir
pas, en 1920, posé votre candidature à la Présidence de la République et on a dit que si vous
l'aviez posée, vous auriez été élu, ce que je
crois...

*M. Floquet fait connaître que dans le bureau dont il fait par-
tie, on a considéré toutes les élections des candidats officiels
comme frappés d'une protestation générale. Ce bureau propose de valider l'élection de M. Janvier de la Motte qui n'a
pas fait usage de l'affiche blanche et qui ne s'est pas dit candidat du Gouvernement.*

M. Léon Renault déclare que dans son bureau...

M. Brisson demande...

M. J. Ferry est d'avis..., etc., etc.

*Longues et vaines parlotes. M. Clemenceau prend des notes
et gribouille de petits bonshommes.*

M. CLEMENCEAU

Mais vous n'êtes pas du tout au courant ! Mettez-vous dans l'idée que, quand j'ai été assassiné par cet homme... comment l'appelez-vous ? Cottin... je suis resté ici, pendant huit jours, avec une balle dans le dos. Après quoi je me suis levé, je suis allé à la Chambre, — toujours avec ma balle. Les journaux ont raconté que quand j'étais entré dans la salle des séances, les députés avaient applaudi. Or, Martet, sachez ceci : quand je suis entré, il n'y a pas eu un applaudissement, — pas un. Enfin, j'avais tout de même ma balle dans le corps, sacrédié ! dont un monsieur m'avait gratifié, sans que je le lui demandasse, en remerciement de ce que j'avais fait pour le pays... Je ne m'étais pas suicidé !

« Eh bien ! pas un applaudissement ! Voilà quels étaient les sentiments de la Chambre à mon égard [1].

« Au scrutin public, tout ça, naturellement,

1. Le 5 décembre 1918, M. Clemenceau montait à la tribune de la Chambre pour annoncer la capitulation de l'Autriche. M. Lauche lui cria : « Parlez-nous de l'Armée de Salonique ! » M. Camille Reboul : « Vous avez commencé par critiquer ! » M. Deschanel priant qu'on n'interrompît pas M. Clemenceau, on entendit M. Raffin-Dugens lancer ces mots : « Alors dites tout de suite : Vive le Dictateur ! » Puis M. Clemenceau regagna sa place. MM. Mayéras et Renaudel demandèrent à interpeller. M. Renaudel déclara : « Ceux qui estiment que le pays exige que ses représentants demandent à connaître toute la vérité ont le droit de parler ! » Il y eut des murmures. Alors M. Renaudel : « Je sais que dans les séances d'enthousiasme on peut dire que tout se trouve faussé... » MM. Bracke, Moutet, Longuet, etc., présentèrent des protestations indignées ou attristées.

— Ils sont déjà un certain nombre à ne pas me pardonner la victoire, disait ce soir-là M. Clemenceau.

votait pour moi en bloc, à tour de bras : car il y avait le pays, qui regardait. Mais au scrutin secret, vous pensez si ces messieurs s'apprêtaient à se rattraper ! On racontait des tas de choses. On racontait que j'allais épouser une de mes maîtresses. Puis que j'étais très malade, à moitié gâteux, tandis que Deschanel, hein ? — et que ça ferait un enterrement civil à l'Élysée, chose qu'il fallait soigneusement éviter. J'étais donc dégoûté avant même que les opérations eussent commencé. De plus, — à ce point de vue-là je suis un peu plus près de la République que tous ces gens qui se présentent à la Présidence comme à l'Académie, avec des visites, des parlotes, des promesses, des engagements, — j'estimais que pour un poste comme celui-là il n'y avait pas à poser sa candidature. D'ailleurs, c'est plus fort que moi : je n'ai jamais posé ma candidature à rien. La chose devait venir du dehors, non de moi. Mandel, à force de me tarabuster, a fini par m'arracher un papier, où je disais que si mes amis voulaient voter pour moi, je me laisserais faire une douce violence[1]. Après

1. Les journaux du 15 janvier 1920 publient la note suivante :
« *M. Clemenceau a autorisé formellement ses amis à poser sa candidature à la Présidence de la République, leur déclarant qu'il était prêt à accepter le mandat que le Congrès lui confierait. En conséquence, les amis du Président du Conseil ont décidé de faire imprimer des bulletins au nom de M. Clemenceau, qui seront mis à la disposition des parlementaires qui assisteront à la réunion plénière.* »
Le 15, également, M. Clemenceau reçoit un député. Il lui dit : « Une fois désigné par le vote des groupes en réunion plénière, je ne me déroberai pas. » Et il ajoute : « Faites-moi crédit de deux ans. J'ai gagné la guerre. Il faut gagner la paix. »

quoi est venue cette réunion au Sénat pour le galop d'essai [1]. Au vu du résultat j'ai retiré ma candidature [2]. Vous voyez que c'est extrêmement simple.

MOI

Mais pourquoi donc le Parlement vous détestait-il à ce point ?

M. CLEMENCEAU

Mon ami, pour une raison bien simple : parce qu'en ayant l'air de m'adresser au Parlement, c'est toujours au pays que je me suis adressé.

1. Le 16 janvier au Sénat dans la Salle de Brosses. Elle était ouverte à tous les membres du Parlement. 812 votants. M. Deschanel : 408 voix. M. Clemenceau : 389. M. Poincaré : 16 M. Léon Bourgeois : 5. M. Jonnart : 3. Le Maréchal Foch : 1.

2. Aussitôt après la proclamation du scrutin les ministres et les sous-secrétaires d'État se rendent à la Présidence du Conseil. Une conférence a lieu. M. Clemenceau écrit la lettre suivante qu'il adresse au Président de l'Assemblée Nationale :

Monsieur le Président,

Je prends la liberté de vous informer que je retire à mes amis l'autorisation de poser ma candidature à la Présidence de la République et que, s'ils passaient outre et obtenaient pour moi une majorité des voix, je refuserais le mandat ainsi conféré.

G. Clemenceau.

Le lendemain à Versailles 888 sénateurs et députés votent : M. Deschanel : 734 voix. M. Jonnart : 54. M. Clemenceau : 53. M. Poincaré : 8. Le Maréchal Foch : 7. M. Léon Bourgeois : 6.

Pour la suite des événements :

Le 18 le Cabinet Clemenceau démissionne. M. Millerand est appelé à l'Elysée.

Le 24 mai M. Deschanel se rendait à Montbrison pour inaugurer le monument du sénateur Émile Raymond. A Montargis il tombe du train par la fenêtre de son wagon.

Le 11 septembre M. Clemenceau part pour les Indes et le 23 l'Assemblée Nationale élit M. Millerand Président de la République.

Mes discours ont toujours passé par-dessus la tête des Députés et des Sénateurs et j'ai toujours laissé entendre aux Députés et aux Sénateurs, que, battu ou non, c'est toujours, en dernier ressort, le pays qui me jugerait et qui les jugerait, eux. C'est ce que j'ai fait avec les Affaires Malvy. Quand, en 16, on est venu me dire : « Vous avez six voix », j'ai répondu : « Ça n'a aucune importance. C'est le pays qui décidera de ça. » Et c'est ce qui s'est passé.

« Eh bien ! un Parlement n'aime pas ça. Un Parlement en voudra toujours à un homme de faire de la politique nationale. De plus, il y a eu ceci contre moi, c'est que j'ai toujours inspiré une défiance horrible à mes meilleurs amis. Je ne sais pourquoi, ils ont toujours eu une frousse terrible que je les entraînasse dans des coins où ils n'eussent point aimé aller. Avec Deschanel il est bien évident qu'ils n'avaient pas à avoir de pareilles craintes. Il n'y aurait pas eu cette histoire du train, de la cabane du garde-barrière[1], toute cette aventure extravagante, — que de roman dans l'Histoire, Martet ! — ça se passait très gentiment. Il était charmant, Deschanel[2].

1. En tombant du train M. Deschanel avait été recueilli par un garde-barrière qui ne voulait pas croire que cet homme en pyjama fût le Président de la République.

2. Quand, en 16, M. Clemenceau publia *La France devant l'Allemagne*, il reçut de M. Deschanel ce billet :

Mon Cher Président,

J'achève votre livre. C'est une magnificence ! Et je ne résiste pas au plaisir de vous le dire.

Veuillez agréer l'expression de mon affectueux dévouement.

Paul Deschanel.

MOI

Il faut aussi se demander, Monsieur, ce qui se serait passé si vous aviez été élu ?

M. CLEMENCEAU

Mais il n'y a pas à se le demander, cher ami. Je n'y serais pas resté trois mois. Ce qu'il leur fallait, c'était quelqu'un qui leur fichât la paix. Moi je n'aurais pas attendu huit jours ; je me serais cabré. Vous pensez bien que si j'avais consenti à faire ce métier-là, ça n'aurait pas été pour inaugurer l'Exposition d'Horticulture. J'aurais fait ou essayé de faire quelque chose. Vous ne me voyez pas approuvant Locarno, la réintégration, avec félicitations et congratulations du gouvernement de ces gens qui ont failli nous faire crever, l'impunité pour les traîtres, les espions, les déserteurs et autres crapules... Je serais sorti de ma boîte un beau jour et j'aurais dit : « Non ! Il m'est impossible d'accepter ça ! Il m'est impossible de donner mon nom à ça ! » Ils ont choisi Deschanel et ils ont parfaitement bien fait...

« Voyez-vous : plus je pense à tout cela, à cette espèce de folie qui s'est emparée de ce peuple, comme si sa victoire l'avait désaxé, — plus je trouve qu'il faut absolument que j'écrive ce bouquin sur la décadence romaine. Ça n'est pas que j'aime Rome. Je ne m'apitoierai pas sur Rome. Quel sale peuple au fond, que les Romains, — froid, lourd, cruel, borné ! J'aime la Grèce. Je ne peux pas aimer Rome.

MOI

Non. Car c'est tout le contraire.

M. CLEMENCEAU

Mais il y a de belles comparaisons à faire et de belles conclusions à tirer. Ils ont eu des Deschanel... Ils ont eu des Millerand... Millerand ! Quand je pense que quand je suis parti, je lui ai dit :

« — Vous allez prendre ça en mains. Or, je suis en conversation avec les rois, les ministres, les ambassadeurs depuis deux ans ; je vais vous dire un peu ce qu'il en retourne. »

« Il m'a répondu :

« — Pas la peine ! »

« Je lui ai passé le gouvernement de la France, je lui ai passé l'Europe, Martet, comme si je lui avais passé un caillou ! Oui... et dites-vous bien que quand j'ai eu besoin de quelqu'un pour diriger l'Alsace c'est lui que j'ai pris, Millerand : c'était encore ce qu'il y avait de mieux ! Voilà, cher Monsieur[1]. Ce monde est assez imparfait.

MOI

On l'a fait trop vite.

M. CLEMENCEAU

Vous venez toujours en Vendée ?

MOI

De plus en plus.

---

1. Je retrouve dans mes papiers un document bien amusant : C'est une invitation par laquelle « *Le Président de la République et Madame Millerand prient M. Georges Clemenceau, membre de l'Académie Française, de leur faire l'honneur de venir passer la soirée au Palais de l'Élysée, le mercredi 25 janvier, à 22 heures.* » En haut et à droite ces deux mots à l'encre violette : « *En uniforme.* »

M. CLEMENCEAU

Il faut que je vous prévienne afin que vous préveniez votre femme : les lits sont un peu étroits.

MOI

Nous nous serrerons.

XVI

JOURDAN

Une grande enveloppe jaune sur laquelle la
plume d'oie a griffonné : *Jourdan.*

J'en fais tomber ces lettres adressées toutes les
quatre à M. Clemenceau :

I

A Monsieur Georges Clemenceau D. M.
chez M. Mataran.
21 Bockmann Street
New-York
États-Unis

Paris, ce 10 septembre 1865

Mon cher Georges,

Votre lettre, partie le 21 août, m'est arrivée le
3 de ce mois. Je l'attendais avec une impatience
à laquelle je veux croire que vous avez pensé.
J'ai vu votre père à son retour de Londres. Je
l'ai vu deux fois. Je l'ai trouvé plutôt gai et

occupé qu'abattu. Il est vrai qu'il est contenu et garde d'autant mieux ses sentiments qu'ils lui tiennent plus au cœur. Je ne veux pas vous dire qu'il prendra aisément son parti de votre départ, mais, somme toute, il m'a semblé disposé à chercher des distractions à son chagrin et capable de les trouver dans les préoccupations agricoles auxquelles son esprit est facilement ouvert. Que les regrets laissés en arrière ne vous détournent donc pas du devoir de regarder devant vous.

Votre recommandation était inutile et mon amitié, un peu jalouse, souffrirait trop de la banale indiscrétion que vous redoutez pour que je me risque à la commettre. Je ne suis point étonné de l'état d'esprit dans lequel vous êtes. Cela devait être et je m'en félicite. Il est bon de tenir aux cotillons de sa mère, et à l'affection de son père, et je vous remercie de m'avoir montré en toute simplicité ce sentiment que vous n'éprouverez jamais assez. Je l'ai senti remuer dans ce que vous dites de vos impressions au moment où vous avez quitté votre père et ça m'a fait plaisir, pour vous et pour moi ; pour vous parce que j'aime vous voir ainsi, sachant bien que l'orgueil aura son tour, et pour moi parce que n'ayant jamais eu ces tristesses en réalité si douces, j'aime à y penser.

Il y a un point sur lequel je ne suis pas tout à fait de votre avis. Vous me dites : « Vous pensez bien que je n'ai pas écrit un mot de tout cela chez moi... » et pourquoi cela ? Un mot du cœur fait du bien et ce n'est pas un *effort de vertu sublime que de ne pas le dire à celui qui n'ose pas le demander, mais qui l'attend. A votre mère, au moins !*

Votre père m'a conté en détail et, ma foi, très gaîment, votre entrevue avec Stuart-Mill. Je pensais qu'il me toucherait un mot de la commission dont, m'avez-vous dit, il doit me charger, à savoir de vous faire passer votre argent. Mais il ne m'en a pas parlé et, comme bien vous pensez, de mon côté, je ne lui en ai rien dit. Ceci m'amène à grogner un peu. Vous connaissez votre défaut, je vous le rappelle sans façons. Les hommes sont faits pour qu'on passe à côté d'eux, mais non pas dessus, aristocrate que vous êtes[1]. Moins on a le droit de demander, plus on exige ; je suis comme cela, vous le savez. Pourquoi oublier de parler à votre père d'une chose dite, pourquoi, d'un autre côté, dire à Schmolk que je suis chargé de payer le port de vos caisses de livres de Paris au Hâvre, pourquoi dire à Sauve, le gérant des tailleurs, que je suis chargé de lui remettre, chaque mois, un acompte sur la somme de 575 francs que vous lui devez[2],

1. Le bon Jourdan connaissait bien M. Clemenceau...
2. M. Clemenceau emportait en Amérique d'énormes quantités de livres et de vêtements.

Deux factures pour l'an 1865.

LIBRAIRIE ANCIENNE ET MODERNE
23, boulevard Saint-Martin
ÉTIENNE SAUSSET
Successeur de Achille Faure.

Doit M. Clemenceau :

17 mai 1865.
1 Challemel. Philosophie 2.25
1 Pouchet. Univers 9.50

quand vous ne m'en dites pas un mot? Cette maudite question d'argent m'inquiète pour vous. Vous en avez trop, — car votre père a été bien bon — pour renoncer à vos grands projets et vous n'en avez pas assez pour négliger d'en gagner. Comment faire? Il faudrait une grande économie commandée par une grande volonté...

Depuis votre départ, je suis bien seul et vous me manquez plus que je ne veux dire.

Je me suis échappé quatre ou cinq jours aussitôt après votre départ pour aller embrasser ma femme. Ce voyage m'a fait beaucoup de bien. Décidément, une femme dévouée est une bien bonne chose et je me sens d'autant mieux disposé à le bien comprendre que je ne vois plus guère que cela qui me reste.

```
1 Washington  ..........................................  2.75
     14 juillet.
1 Carlyle  ..............................................  2.75
1 Spinosa 3 vol........................................  8.25
1 Descartes  ...........................................  1.75
1 La Fontaine Fables................................  3.50
1 Proudhon, 2 vol....................................  6 »
1 De Maistre. Le Pape..............................  2.75
etc., etc.
```

ASSOCIATION GÉNÉRALE D'OUVRIERS TAILLEURS
33, rue de Turbigo.

Doit M. Clemenceau :

```
     23 juillet 1865.
1 Redingote noire  ..................................  100 »
1 Paletot édredon bleu  .............................  90 »
1 Pantalon rayé.....................................  38 »
1 Pantalon id.......................................  35 »
1 Pantalon laine douce d'été ......................  32 »
1 Pantalon satin noir ..............................  38 »
1 Gilet noir en drap...............................  20 »
etc., etc...
```

Je compte, soit que vous restiez à New-York dans la chambre à 210 francs que vous avez trouvée, soit que vous alliez à Norwich, que vous allez vous mettre sans retard à la besogne et enlever la traduction du travail de Mill sur le positivisme. Il faudrait envoyer cela pour la rentrée. Ce sera une carte de visite à vos anciens camarades. Lefort est parti. Lafont est allé loger aux Batignolles et votre Vénus de Milo, qui se trouve maintenant sur ma cheminée, vous envoie un de ses sourires olympiens.

Je dois avoir une longue lettre en octobre ; vous serez revenu de cet étourdissement qui accompagne toujours une grande secousse et en causant avec moi d'affaires comme un procureur, et du spectacle que vous avez sous les yeux comme un observateur intelligent, de vous-même comme un ami à un ami, vous remplacerez pour moi le frère et le fils que je n'ai pas. Ne m'oubliez pas. Ma femme vous remercie de votre bon souvenir et ne se plaint que d'une chose, c'est que la mémoire vous soit venue aussi tard.

Je vous embrasse de bien bon cœur.

Jourdan.

II

Ce 11 novembre 1865, —
Pommier de Pin, par Cour-Cheverny (Loir-et-Cher).

Mon cher Georges,

Je suis en retard avec vous ; j'ai votre lettre

15

depuis le 21 octobre et pourtant je ne vous écris qu'aujourd'hui ! Pourquoi mon amitié et mon exactitude sont-elles en défaut ? J'ai eu mille affaires... Enfin, je suis venu chercher une quinzaine de repos à la campagne et me voilà tout à vous. Vous comprenez que vous écrire deux mots en l'air ne pouvait faire mon affaire ; j'ai préféré attendre.

Ma femme ne va pas trop mal ; je me porte bien ; je suis content ; mon esprit est tranquille ; le moment est bon pour causer.

Mon cher Georges, voulez-vous me faire un plaisir ? Laissez-moi vous tutoyer et vous traiter comme un frère plus jeune que j'aime et pour lequel j'ai toutes les ambitions que mes fautes et mon bon sens ne me permettent pas d'avoir pour moi. Vous êtes loin, je vous regrette tous les jours, vous pouvez me passer cela.

Avant de causer un peu avec toi de cette Amérique dont tu commences à parler si bien, il faut que je te mette au courant de ce que deviennent, autant que je le sais car je vis de plus en plus comme un loup, les quelques amis ou connaissances que tu as laissés ici.

A tout seigneur, tout honneur. Pichat a un procès avec Mangin. Il est prévenu d'outrage à la religion et d'excitation à la haine et au mépris du gouvernement pour avoir cité quelques vers de Marc Monnier et les avoir expliqués en disant : « Agnès, c'est l'Église ; Arnolphe, c'est le pape ; Horace, c'est Victor-Emmanuel ; et Paillasse, c'est la France. » Le procès me paraît absurde mais par cela même je crois qu'il est voulu de longue main et que notre ami sera pincé. Il part pour Nantes escorté d'Emmanuel Arago. L'affaire sera jugée le 16.

Jobey se rappelle à ton bon souvenir. Il voudrait bien avoir une description exacte du costume militaire que portaient les fédéraux et les confédérés avec les marques distinctives des grades. Il est aux prises avec un roman américain. Je doute qu'il trouve dans son œuvre gloire et fortune. Il est plus fait pour chanter la chasse et la table en bon vivant que pour raconter les poèmes épiques de la guerre civile américaine.

Il y a eu à Liége un congrès d'étudiants. Regnard et Rey paraissent en avoir été les héros plus ou moins heureux. On y a, paraît-il, arboré un crêpe noir et mis flamberge au vent en l'honneur du matérialisme.

La politique chôme et le choléra ne nous a même pas un peu étrillés[1]. C'est d'un plat à défier la surface unie de l'Océan quand il dort. M. Hugo chante les bois et les rues[2]. Je ne sais rien de la seconde édition de ta thèse, sinon que la thèse elle-même a été très remarquée.

J'ai écrit en Italie pour essayer d'obtenir pour toi une correspondance de journal. Voici ce que me répond l'excellent Mauro Marchi réélu à Crémone à la presque unanimité : « Les journaux d'Italie, même les plus importants, s'occupent des affaires d'Amérique comme de l'an 40, et, s'ils s'en occupaient, ils ne seraient pas en position de payer un correspondant exprès. J'en

---

1. Il devait en mourir trois mois plus tard.
2. *Les Chansons des Rues et des Bois* paraîtront en 66.

suis fâché pour votre ami mais c'est comme cela. » La parfaite connaissance qu'a Mauro de la presse italienne, son amitié pour moi ne me permettent plus, en présence de sa réponse, d'espérer trouver quelque chose de ce côté-là. Ne pourrait-on pas essayer d'un autre côté? Qui sait si on ne pourrait rien faire avec le Temps[1]? ou avec l'Avenir? Vous me paraissez avoir une bien bonne idée en voulant faire quelque chose pour la gloire dans le Phare. Par Pichat on doit pouvoir tout.

Inutile de dire avec quel intérêt j'ai lu la seconde partie de ta lettre. C'est aussi bien dit que pensé. Il faut soigner tes yeux quand même! Nous ne sommes pas assez beaux garçons pour négliger ces deux lanternes par lesquelles brillent ce qu'il y a de bien et de bon en toi. — Diable m'emporte, je te fais des compliments, voilà ce que c'est que de me reprocher un tout petit bout de réquisitoire...

J'aime le portrait de ton Monsieur Forster : « Les mœurs valent presque toujours mieux que la loi, dis-tu; le nombre est grand des lois abusives qui sont abrogées par elles avant de l'être légalement. C'est d'ailleurs là le mouvement naturel des choses. » Voilà qui est parlé ; ce mouvement est le signe d'un pays vraiment libre, qui se gouverne lui-même au lieu de recevoir l'impulsion d'une force extérieure. La loi dans un semblable pays est bien plutôt un effet qu'une cause et l'on comprend qu'elle subsiste encore

---

1. On sait que le conseil fut suivi.

alors que la cause qui l'a produite a déjà été remplacée par une autre. Je crois seulement que tu as tort de dire, notamment à propos de la domesticité, qu'il se produit en Amérique un mouvement social dont on n'a pas encore parlé. De Tocqueville a fait dans son second volume un très beau chapitre sur la question. Ce n'est pas à dire que depuis trente ans il n'y ait rien de nouveau à analyser et à signaler, loin de là, mais enfin le mouvement a été remarqué. Ce mouvement entre autres choses prouve manifestement l'action puissante des institutions politiques d'un peuple sur son économie sociale. Ainsi entre l'économie politique de l'Institut de France et celle de Carrey il n'y a pas l'épaisseur d'un cheveu et cependant ces deux sciences si semblables et également réputées vraies dans deux pays par les législateurs se sont développées sous l'empire des faits économiques différents.

Je ne regrette pas du tout ce grand travail de traduction sur la logique. Beaucoup de temps et de peine pour un stérile honneur et des conclusions toujours contestées. J'aime mieux le travail sur Comte. C'est plus actuel. Il vient d'en paraître un autre, traduit dans la Revue Nationale, sur l'utilitarisme. C'est du Bentham rajeuni, paraît-il. Je ne l'ai pas encore lu.

Ma femme te salue affectueusement et moi je t'embrasse de bien bon cœur. Soigne-toi bien et envoie-moi des instructions bien précises que j'exécuterai comme un soldat dévoué.

Jourdan.

III

Paris, ce 10 février 1866.

Mon cher Georges,

M. Dourlan, un de tes anciens collègues de la Commission, te remettra cette lettre. J'ai reçu sa visite et appris en même temps son départ pour New-York. Je lui donne une lettre. Je ne le recommande pas. Tu le connais mieux que moi et si j'en juge par mes impressions personnelles, il doit être un de tes amis, un de ceux que tu as regrettés ou auxquels tu penses. Un profond dégoût l'a saisi et il part, il va chercher ce qu'on ne trouve plus ici, des hommes et la lutte franc jeu au soleil et en toute liberté.

Il n'est pas seul en proie à cette nostalgie d'une nouvelle espèce, à l'envers. Rey est parti pour Heidelberg il y a deux jours, mais en bénissant ses juges de lui avoir fourni une si bonne occasion d'aller chercher ailleurs tout ce qui manque ici pour vivre. Nous sommes plus bas que jamais... J'ai vu partir Rey avec peine ; je le voyais presque tous les jours et il t'avait presque remplacé près de moi. Je l'aime beaucoup car il te rappelait à chaque instant à mon souvenir par les contrastes. Je crains qu'il n'aboutisse pas. Il a le front tout en sommet et pas assez carré à la base. Mais c'est une nature délicate et un caractère élevé.

Les journaux deviennent de plus en plus ignobles et c'est à ce point que je ne sais pas si, dans le cas où nous pourrions réussir pour la correspondance, tu voudrais profiter du succès. On croit généralement que nous mettrons les pouces dans l'affaire du Mexique et qu'elle s'arrangera. Les races latines seront enfoncées. Il y a longtemps qu'elles le sont : depuis la Réforme.

J'attends ton travail sur Mill avec impatience. J'espère bien que tu disposeras de moi.

Je n'ai pas frissonné le moins du monde en t'entendant dire que c'est à la lumière de la méthode positiviste que tu veux étudier l'Amérique. Seulement je crois, et le livre de Littré sur Comte que tu cites, en est une preuve, que cette méthode jusqu'à ce jour a été bien plus négative qu'affirmative. Elle a servi à renverser des présomptueux a priori, je ne vois pas, dans les domaines des sciences morales et politiques, ce qu'elle a édifié, ou, pour mieux dire, Comte et Littré lui-même, se sont chargés de montrer son impuissance relative. Cette première observation est vraie. Permets-moi de suivre maintenant au galop les aphorismes dont ta dernière lettre est pleine. Ils sont trop bien posés et déduits pour que tu les aies oubliés. Il me suffira donc de citer çà et là pour que tu suives l'enchaînement.

J'avoue que je ne suis pas du tout convaincu de ce que tu dis sur l'organisme, sa structure et le milieu dans lequel il fonctionne. Vrai pour l'organisme proprement dit, estomac, poumons, etc., je doute que tout cela soit vrai pour l'homme et le passage me paraît trop aisément franchi. Un homme est autre chose qu'un pur organisme. Je ne sacrifierai jamais la liberté à une théorie matérialiste ou providentielle. La part peut être petite mais elle existe.

Le passage de l'homme individuel à l'homme collectif est encore une grosse affaire et il ne suffit pas d'un trait d'union pour expliquer la chose. Je veux bien croire à la loi d'hérédité mais a-t-elle l'infaillibilité que tu lui prêtes? Si cette loi s'exerçait d'une manière aussi entière et si le milieu, comme tu le dis, n'intervenait seulement que pour favoriser ou empêcher l'éclosion des germes transmis, sans rien créer, le progrès serait bien difficile à comprendre et même, sans parler de progrès, on ne verrait pas pourquoi dans un même pays et dans un même siècle deux générations se ressemblent si peu.

Tout ce que tu dis, après avoir posé ces premiers points, me paraît bien pensé et nettement déduit. Je te remercie bien de m'avoir parlé de tout cela. Ne fais pas trop attention à ce que je te réponds et travaille à mort et aime-moi bien. Tibi[1].

Jourdan.

1. La lettre est curieuse et ma foi assez noble. Elle montre comment cet esprit un peu gris mais délicat et consciencieux tentait d'arrondir les angles de ce néophyte du positivisme.

IV

D'une autre écriture :

Paris, le 1er mars 1866.

Mon cher ami,

J'ai une bien mauvaise nouvelle à vous annoncer. Votre ami, je puis dire notre ami, car j'avais appris à l'apprécier dans les courts entretiens que nous avons eus ensemble, a succombé lundi à une attaque de choléra presque foudroyante.

Parti pour Brest la semaine précédente, il en avait rapporté le germe fatal. Cinq jours à peine ont suffi pour nous ravir ce pauvre ami. Je l'avais vu quelques jours avant son voyage. Il m'avait charmé, comme d'habitude, par sa cordialité et sa bonne humeur. Nous avions parlé de vous, des affaires d'Amérique, de l'avenir de la France, qui n'a jamais cessé de le préoccuper, et, malgré les années, malgré les déceptions de tout genre, qu'il avait eues plus que moi, c'était lui qui était l'optimiste et moi le pessimiste. Quand je dis optimiste, j'exagère peut-être un peu ; car il ne se dissimulait pas les difficultés de la situation. Mais il avait cette confiance sereine qui n'abandonne jamais ceux qui ont lutté ardemment pour une noble cause. Peut-être aussi exagérait-il un peu ses espérances en *voyant faiblir les siennes. En tout cas, il appréciait sainement les hommes et les choses. J'aimais sa conversation où le moi disparaissait toujours pour faire place à des considérations générales souvent pleines d'à-propos et de finesse. Lié au passé par ses actes publics et par ses affections privées, il le jugeait sans amertume, mais aussi sans complaisance. Il n'avait pas pour les hommes de 48 ce culte ridicule que la plupart d'entre eux ont conservé les uns pour les autres, et il riait souvent de leur vanité, tout en déplorant leur insuffisance.*

C'était, en un mot, un esprit clairvoyant et sage, dépourvu d'ambition vulgaire, énergique, dévoué, un homme enfin qui aurait pu rendre encore de grands services et qui ne sera pas remplacé. Car il était le seul parmi ses contemporains qui ne se fît point d'illusions sur le passé et sur l'avenir de la France.

Je n'ai pas eu le bonheur de voir Jourdan pendant sa courte maladie. Je n'ai appris qu'il était alité que lundi soir à cinq heures. J'ai couru chez lui. Il venait d'expirer. Il a beaucoup souffert durant les deux ou trois premiers jours. Mais l'empoisonnement a été si violent que la sensibilité a été très vite émoussée, et, au moment de sa mort, l'épuisement nerveux était tel qu'il se serait éteint au milieu de son sommeil, si sa femme effrayée ne l'avait réveillé. Il était étendu sur son fauteuil comme un convalescent. Éveillé ou plutôt arraché au sommeil comateux qui l'accablait, il s'est précipité au cou de sa pauvre femme en disant : « Ah ! ma pauvre amie, quelle bizarre maladie ! » Puis il s'est affaissé sur lui-même... Il était mort.

Une lettre de vous est arrivée la veille du jour fatal. Elle n'avait pas encore été ouverte quand le décès s'est produit.

Adieu, cher ami. Je vous embrasse cordialement.

Toulet.

Pauvre Jourdan... Il fallait que dans ce livre — où tant de morts sont couchés — il y eût une petite place pour lui...

XVII

« C'EST COMME DES FEMMES A BARBE. »
« IL N'Y A PAS DE PÉRIL BOLCHEVISTE ! »
LOUISE MICHEL ET SÉVERINE
ÉDOUARD VII ET GEORGE V

3 juillet 1928.

M. CLEMENCEAU, *montrant un livre
ouvert sur sa table.*

Je suis en train d'étudier les Carthaginois.

MOI

Ah ? Mommsen ?

M. CLEMENCEAU

C'est intéressant. C'est fait d'un point de vue
étroit et sans horizon. Mais c'est pour ça que
c'est bien.

MOI

Je vous apporte deux livres : d'abord cet album Druet où vous trouverez des reproduc-
tions de toiles de Monet...

M. CLEMENCEAU, *feuilletant l'album.*
Merci. Je regarderai ça.

MOI

Une chose que je ne connaissais pas c'est ce portrait d'homme, avec une énorme ombrelle et une cravate comme une ficelle...

M. CLEMENCEAU

Ah ! c'est très bien ! Moi non plus je ne connaissais pas ça. On ne sait pas si c'est grotesque ou magnifique... Il a fait ça sous l'influence de Manet. Il est bien évident que s'il avait voulu se lancer dans la figure, il s'en serait tiré aussi bien que du paysage et serait allé aussi à fond, aussi rudement... Son bonhomme a une touche effarante ! Et son pantalon ! Ce qui a le plus d'expression là-dedans c'est le pantalon...

MOI

Vous aurez bientôt fini votre *Monet ?*

M. CLEMENCEAU

C'est à la dactylographie. Je n'en ai plus que pour quelques jours. J'emporterai ça en Vendée. Après quoi je m'attaquerai à la Décadence.

MOI

Ensuite je vous apporte ce livre de Félix Sartiaux sur les Civilisations Anciennes de l'Asie-Mineure. C'est d'un homme intelligent et qui dit des choses que vous aimerez.

M. CLEMENCEAU

Je le connais. Je sais qu'il a étudié ça sérieusement.

MOI

Il y a des pages qui vous intéresseront sur Milet, Éphèse, Pergame...

M. CLEMENCEAU

L'Asie-Mineure est un charnier de villes mortes. Quand on pense à toutes les races qui s'y sont succédé et qui s'y sont exterminées les unes les autres : les Hittites, les Phrygiens, les Lydiens... Achille et Agamemnon y ont débarqué quand c'était déjà bien vieux.

MOI

On n'en a pas fouillé la centième partie. Ce qui est navrant c'est de voir que l'École Française d'Athènes a, en tout et pour tout, pour faire ses fouilles, un crédit de quelques milliers de francs, alors que les Anglais, les Allemands, les Américains, arrivent avec des millions, ouvrent des chantiers...

M. CLEMENCEAU

Mon ami, il y avait un homme, un savant, — un Français. Il avait acheté les fouilles de Pergame. Il les a revendues aux Allemands. (*Feuilletant le livre.*) Ah ! voilà l'Hèra de Samos qui est au Louvre[1]... Que je vous raconte une histoire sur l'Hèra de Samos. Il y a vers le milieu du corps une sorte de bandelette, avec une ins-

---

1. *Catalogue des Marbres Antiques, p. 41 : Junon drapée, statue offrant peut-être la copie d'un ancien ex-voto de bois en forme de colonne ; la tête manque ; l'inscription du dédicant est gravée en une ligne verticale sur le bord antérieur du manteau. Envoi P. Girard. Temple de Junon, à Samos.*

cription. Quand vous voulez lire la traduction de cette inscription, il faut aller à Londres, mon garçon, au British, où ils ont le moulage de la statue. J'ai dit aux gens du Louvre :

« — Mais est-ce qu'on ne pourrait pas mettre sur le socle de la statue une traduction de l'inscription ?

« On m'a répondu :

« — Il y a déjà beaucoup d'inscriptions. Le public se plaint qu'il y en ait trop. »

« Voilà, Martet.

MOI

Sartiaux prend la défense de la Décadence. Il a beaucoup de considération pour la période hellénistique, qu'on a, dit-il, jugée trop sévèrement et qui a produit de grandes choses.

M. CLEMENCEAU

Ah ? Lesquelles ? En tout cas elle n'a pas produit de grandes âmes. Ne vous laissez pas monter le coup. Regardez le Parthénon. Regardez l'Érechteion.

MOI

Je me perds un peu dans l'Érechteion.

M. CLEMENCEAU

Parce qu'il ne faut pas le voir d'un coup d'œil. C'est deux, trois temples. Vous avez les Caryatides. Vous avez le portique de l'est et le portique du nord. Ils avaient rassemblé tout ça faute de place. Il n'y a rien qui devait ressembler autant au Père-Lachaise que l'Acropole. Un homme voulait élever un monument à son père ; il le flanquait là, n'importe où. En construisant les Propylées il y a une espèce d'imbécile qui est tombé du toit et qui s'est tué. On lui a élevé une statue à l'endroit même où il était dégringolé. On en voit encore la base.

MOI

Quant au Parthénon, il y a au Louvre une métope[1]... c'est bien mauvais.

M. CLEMENCEAU

Oui. C'est assez lourd. Il y a un cheval qui ressemble à un phoque... Mais les Panathénées, hein ? quelle sérénité ! Et rappelez-vous que ceux qui fabriquaient ça étaient des ouvriers de quatre sous. Phidias se réservait pour ses frontons.

« Non... Avant de voir Milet, Éphèse, Pergame et autres lieux qui sont des espèces de New-York et de San-Francisco de l'antiquité, voyez le Parthénon, Martet. Voyez Olympie. Voyez Phaestos. A Phaestos, vous avez ce mégaron, avec une baignoire cassée en deux, où les gens se lavaient les pieds avant d'entrer. Tout est resté debout. Il ne manque que les portes en bois que le feu a détruites. Sur un socle une statue. Seulement le feu en a fait une sorte de lingot. Puis vous entrez et vous avez à droite le gynécée, les colonnes au pied desquelles les femmes filaient la laine... C'est une chose prodigieuse ! (*Silence.*) Il est certain qu'Athènes vaut mieux que Rome. Pourtant dans Rome il y a quelque chose. Il y a des gens comme Tacite.

---

1. *Catalogue des Marbres Antiques*, p. 44 : *Métope représentant un centaure enlevant une femme ; dixième métope de la face méridionale. Recueillie par Fauvel ; coll. Choiseul.*

16

Pline le Jeune, aussi. D'ailleurs Rome ou Athènes, Athènes ou Rome, ce qui m'intéresse là-dedans c'est la façon dont les peuples montent, montent... et au bout de ça qu'est-ce qu'il y a ? C'est l'histoire du soleil qui redescend mathématiquement dans l'eau. Si l'on veut juger de quelque chose, il faut s'étendre dans le temps et ne pas se contenter de dix ans, cent ans. Quand on a devant soi dix ou vingt siècles, tout s'éclaire car tout, infailliblement, se renouvelle et les mêmes causes ont les mêmes effets ; on voit que la même foule qui a tué Athènes a tué Rome. On a beau dire et beau faire : c'est comme ça.

MOI

Monsieur, je retrouvais dans vos papiers des notes que vous aviez prises en vue d'un livre sur la femme. Je voudrais vous demander pourquoi vous avez toujours été anti-féministe.

M. CLEMENCEAU

Ah ! oui, j'avais commencé là-dessus ce bouquin, quand j'étais étudiant en médecine... Je voulais étudier la femme, à côté de l'homme, son action, son domaine, son évolution, montrer à quoi, physiquement et moralement, — et c'est d'ailleurs la même chose, — elle pourrait prétendre, elle pourrait s'élever, en dehors du domaine politique, naturellement.

MOI

Ah ? Pourquoi ?

M. CLEMENCEAU

Mon ami, c'est la force qui détermine toutes

les actions de ce monde. Que ce soit tant mieux ou tant pis, c'est ainsi : la femme n'est pas la force. Elle est menée par qui veut s'en donner la peine. Chez nous elle est menée par le curé. (*Je fais un geste.*) Mais si ! Mais si ! Et je n'ai pas besoin de donner aux curés une force nouvelle.

MOI

Mais est-ce que vous craignez autant le péril clérical que le péril bolcheviste ?

M. CLEMENCEAU

Le péril bolcheviste ? Il n'y a pas de péril bolcheviste ! C'est un moment à passer... Vous comprenez : pendant quelque temps on se tuera, on s'égorgera, — et ça redeviendra très rapidement comme avant. Ça ne peut pas durer, ces histoires-là. Car il faut manger. Dans dix ans, la Russie aura un gouvernement bourgeois. Elle a déjà un gouvernement bourgeois. De temps en temps on fusille encore quelques individus pour donner le change. Mais ça ne trompe que les imbéciles. Elle a refait son armée et rouvert ses banques... Un de ces quatre matins on verra revenir les popes. Le cercle sera bouclé. Depuis qu'il y a des hommes il y a du bolchevisme. Tous les cinquante ou cent ans, ça éclate. De temps en temps ils n'y arrivent pas. Mais dans un cas comme dans l'autre les martyrs de la bonne cause bolcheviste peuvent être bien tranquilles dans leur tombe : ils se seront fait casser la figure pour rien. Les principes qui servent à faire une révolution ne peuvent pas servir à faire un gouvernement ou un État. Une fois le coup de chien terminé, il faut les mettre de côté.

« Avec les curés c'est autre chose. Ça fait moins de bruit mais c'est plus profond, et, pour la propreté de nous-mêmes, notre liberté vraie et notre dignité, c'est aussi dangereux. Je ne vous ai pas dit ce que me répondait un jour, avant la guerre, un des fermiers de mon père, un homme tout à fait bien, gentil. Je lui disais :

« — Il faut voter pour M. Untel. C'est un bon républicain.

« Il m'a répondu :

« — Not' maître, je voterai pour celui pour qui le curé me dira de voter.

MOI

Ne trouvez-vous pas étrange et paradoxal qu'on accorde un bulletin de vote au premier imbécile et au premier ivrogne venu et qu'on le refuse à Mme Curie, par exemple ?

M. CLEMENCEAU

Mon ami, en ce qui concerne Mme Curie, votre exemple est assez mal choisi : depuis quelque temps je l'observe, je la vois s'entourer d'un tas de gens... bizarres... et prendre part à des tas de manifestations qui n'ont qu'un rapport lointain avec le radium. Je me demande si elle n'est pas beaucoup plus dangereuse que l'ivrogne en question. Quand un être est intelligent, instruit et que, par-dessus le marché, il a l'esprit faux, quand il manque d'assises, ça devient très mauvais.

« Maintenant, si vous voulez me faire dire

qu'il faudrait retirer le bulletin de vote à un
certain nombre d'individus du sexe mâle, ah !
ça, Martet, tant que vous voudrez !

MOI

Il faut reconnaître, Monsieur, qu'une femme
est généralement, dans son ménage, un élément
de raison, de pondération...

M. CLEMENCEAU

Dans la vie domestique, oui. Et qu'on lui
donne dans la vie domestique tous les droits,
toutes les garanties qu'on voudra, contre
l'homme, dont la vie de travail et de lutte fait
trois fois sur quatre une brute. Mais dans la
vie politique il faut d'autres qualités que ces
qualités de raison et de pondération. Il faut sortir, s'affronter, relever ses manches, se mesurer
les uns avec les autres, et, au moment voulu,
se mettre à l'action... Que voulez-vous ? les
femmes-hommes, je ne vois pas ça. Ça me produit une impression... c'est comme des femmes
à barbe... Jamais je n'aurais pu épouser une
femme médecin. La médecine suppose une brutalité et une sécheresse de cœur qui ne sont pas
faites pour la femme.

MOI

Il y a tout de même des femmes qui sont des
femmes et qui n'en ont pas moins du sens, du
jugement.

M. CLEMENCEAU

Il y en a, mon ami. C'est évident. — Combien ?

MOI

Et les hommes, Monsieur ? Combien ? Je ne suis pas féministe, ou, du moins, si je le suis, ce n'est pas parce que j'ai une confiance illimitée dans la capacité politique de la femme, — je n'en suis pas encore là ! C'est parce que je me méfie de la capacité politique de l'homme.

M. CLEMENCEAU

Ah ! bien, alors, je vous le répète : nous sommes d'accord !

MOI

J'estime que du moment qu'on est entré dans la voie de l'illogisme, — car le suffrage universel, vous m'accorderez bien, Monsieur, que c'est un peu ça...

M. CLEMENCEAU

Je vous l'accorde !

MOI

La logique veut qu'on aille jusqu'au bout et, puisqu'on a donné le droit de vote aux hommes, quels qu'ils soient, gens d'esprit ou crétins, membres de sociétés de tempérance ou poivrots, on l'accorde aussi aux femmes !

M. CLEMENCEAU

Oui ?

MOI

Mais oui, Monsieur !

M. CLEMENCEAU

Drôle de logique que celle qui veut qu'on aille jusqu'au bout d'une folie !

MOI

Au fond, ce qui vous fait peur c'est le curé et vous avez cette peur parce que vous êtes d'un pays très catholique ; si vous étiez né ailleurs, vous n'auriez peut-être pas les mêmes idées.

M. CLEMENCEAU

A Saint-Vincent-sur-Jard, la commune loue au curé un terrain énorme qu'elle lui fait payer quarante francs par an. Ça en vaut mille. J'ai dit au maire :

« — Mais pourquoi faites-vous ça?

« Il m'a répondu :

« — Eh bien ! oui. Je l'ai dit au curé. Mais il m'a déclaré : « Si vous m'augmentez, l'évêque me retirera. »

« Alors voilà. Aux processions ils ne sont pas encore trop nombreux. En fait de grands personnages je crois qu'ils sont trois ou quatre à se balader avec le curé : un paysan millionnaire, nommé Bernard, un commandant d'artillerie, qui a sa maison à côté de la mienne, sur le bord de la mer, Martin Decaen, et un ou deux autres, — je ne me rappelle plus qui c'est... Mais à la messe tout le monde est là : l'église est pleine. Alors ça n'est déjà pas drôle de voir les jours d'élections ces hommes marcher au doigt et à l'œil, comme des gosses... Si vous voulez aussi enrégimenter les femmes[1] !

---

1. Sur l'anticléricalisme de M. Clemenceau.
Deux lettres que j'ai retrouvées :
Le Général Perreaux lui écrit de Dakar, le 4 janvier 1908 :
« *Permettez-moi, au début de l'année qui s'ouvre, de sou-*

MOI

Je voulais vous demander aussi, Monsieur. Nous parlions l'autre jour de M. Thiers...

M. CLEMENCEAU

Je vous ai dit ce que j'en pensais. Qu'est-ce que vous voulez qu'on pense de Thiers ? Il n'y a pas d'être qui m'ait exécré davantage. Il y a deux paires d'yeux que je me rappelle, les yeux de Thiers et les yeux de la Maréchale de Mac-Mahon. Quand la Maréchale de Mac-Mahon me regardait, c'était le regard que le superbe Hippolyte devait avoir pour le monstre, — un regard chargé d'horreur !

MOI

Mais où donc vous rencontriez-vous avec la Maréchale, Monsieur?

M. CLEMENCEAU

J'étais secrétaire de l'Assemblée Nationale ; à ce titre, j'étais invité aux fêtes et cérémonies officielles. Si la Maréchale avait pu m'avaler ! Au milieu de tout cela, je me promenais avec ma grâce, mon sourire... Thiers était un homme qui, résolument, n'avait aucune idée, qui n'avait littéralement d'ouverture sur rien... Il a fait pendant la Commune ce qu'il avait fait rue

haiter le succès de l'œuvre colossale que vous avez entreprise et conduite : je veux parler de la lutte contre le despotisme de Rome. » Et à la veille de son départ pour les États-Unis : « Paris, 9 novembre 1922. Monsieur le Président, le curé de Saint-Gervais prie Dieu de vous accorder un bon voyage et un heureux retour. Agréez, monsieur le Président, mes respectueuses salutations. Gauthier. »

Transnonain, avec la même férocité. Et non seulement il l'a fait mais il s'en est vanté et a triomphé de ça ! Je vous ai bien dit l'abomination qu'il avait commise ? Après m'avoir promis de laisser aux Parisiens leurs canons, il les avait repris... ce qui a été cause de tout...

MOI

Il n'était peut-être pas non plus très prudent de les laisser là ?

M. CLEMENCEAU

Alors primo il ne fallait pas promettre de les laisser et secundo il fallait les reprendre intelligemment. On ne manie pas les foules comme ça. Il était de ces idiots bornés qui se figurent qu'avec un ordre sur un bout de papier on vient à bout de tout.

MOI

Et Galliffet ? Vous l'avez connu ?

M. CLEMENCEAU

Non. Celui-là aussi était un numéro[1]. Il ne

---

1. Je retrouve parmi les documents sur la Commune, que m'a remis M. Clemenceau, cette sorte de procès-verbal où le « numéro » est peint au naturel :

Enquête Galliffet.

Il résulte des déclarations de MM. Lelièvre, Bresnu et Michot, habitants de Chatou (Seine-et-Oise), que le 2 avril 1871, à huit heures du matin, trois gardes nationaux, un officier, un sergent, un garde, traversèrent la Seine en passant avec les ouvriers sur le pont de Chatou alors en réparation ; ils vinrent dans la commune.

Ils entrèrent dans l'établissement de M. Rieux, restaurateur, marchand de vins, situé rue de Saint-Germain ; ils y commandèrent un déjeuner qui leur fut servi quelques instants après leur arrivée. Un sieur Tranquart, également habitant de Chatou, sergent de la Compagnie des Pompiers, se trouvant chez faut pas oublier qu'ils étaient tous comme ça. Quand les Versaillais sont rentrés à Paris, ils ont fusillé un député, Millière, auquel naturellement ils n'avaient pas le droit de toucher... Ils s'en fichaient un peu ! Ils l'ont fusillé sur les marches du Panthéon, après avoir voulu le forcer à se mettre à genoux et à demander pardon, ce qu'il a refusé. Il leur a dit :

« — Vous pouvez me tuer. Tuez-moi. Mais vous ne m'humilierez pas.

« Pendant six jours on a fusillé comme ça, au petit bonheur, sans savoir... Ça dépendait des concierges. On demandait au concierge :

« — Il n'y a pas de communards chez vous ?

Rieux, sortit de l'établissement au bout de quelque temps pour aller prévenir le général de Galliffet, qu'il savait en reconnaissance dans le pays, de la présence de ces malheureux.

Une heure après, le général de Galliffet, à la tête d'une quinzaine de cavaliers, arriva à l'établissement de Rieux, y arrêta les fédérés, les fit conduire à quelques mètres du restaurant, les fit ranger contre le mur malgré les supplications de ces infortunés ; il commanda le feu et ils tombèrent criblés par les balles.

La population, à la tête de laquelle se trouvait M. Laubeuf, maire de Chatou, a voulu protester contre ce massacre horrible ; M. Laubeuf a tenu à peu près ce langage au général de Galliffet : « Général, ces hommes sont inoffensifs, faites-les prisonniers, emmenez-les, faites-les juger par une cour martiale qui statuera sur leur sort, mais épargnez-nous l'horrible spectacle d'une boucherie inutile et que rien ne saurait justifier. Nous vous en prions au nom de l'humanité ! » A ces paroles, le général a répondu : « Mitraillez-moi ces coquinslà ! » puis s'adressant au maire il lui a dit : « Je vous engage à vous taire, car si vous n'êtes pas content je vous en ferai autant. »

La note signale que « quelque temps après ces événements, Tranquard, pour prix de ce service, fut nommé capitaine des pompiers et reçut la médaille mais que, accusé par l'opinion publique, il mourut de remords. »

« Il répondait :

« — Non... ah ! attendez donc ! il y en a un, là, il a bien une tête de pétroleur !

« On le faisait descendre, — et pan !

« Comment se fait-il que je sois passé au travers de tout ça ? Je n'ai pas encore compris... Il y a eu à ce moment une femme courageuse : ma vieille amie Louise Michel. Où elle a été admirable c'est devant les Versaillais. Elle leur a dit : « Mais il ne faut pas vous imaginer que vous me faites peur ! Mais je vous méprise ! Mais vous êtes des bandits ! des assassins ! Et je vous le dis ! Et vous pouvez me tuer ! »

MOI

Et comment se fait-il qu'ils ne l'aient pas fusillée ?

M. CLEMENCEAU

Ils ont eu peur, parbleu ! J'avais connu Louise Michel quand j'étais maire de Montmartre et que j'avais voulu faire la séparation des Églises et de l'État. J'avais envoyé une belle lettre à tous les instituteurs et à toutes les institutrices pour leur dire : « Je ne vous demande pas grand'-chose. Je vous demande de ne pas faire faire le catéchisme à vos élèves, de ne pas les conduire au curé[1]. » Parmi les institutrices il y en a eu

---

1. Voici la lettre. C'est une circulaire lithographiée.

J'apprends que le Curé de votre paroisse vous a convoqué pour demain jeudi, à l'effet d'assister avec vos élèves, à la messe du Saint-Esprit en son Église.

Je dois vous rappeler, tout d'abord, que vous n'avez, en tant que (un blanc) d'institution communale, aucun ordre à recevoir du curé de votre paroisse.

Il faut que la liberté de conscience de chacun soit scrupu-

une seule qui m'ait répondu : c'est Louise Michel. Elle a tenu bon. Depuis, elle a naturellement fait des bêtises ; je me suis séparé d'elle. C'est ce qui prouve bien qu'avec les femmes... C'est comme Séverine. Elle a été très bien, Séverine... très crâne... Maintenant elle est là, avec tous ces gens, et, chaque fois qu'il y a l'occasion de se jeter au cou d'un traître, d'un espion, elle ne la rate pas et elle assure le monsieur, avec le plus de publicité possible, de sa considération la plus distinguée. Vous direz tout ce que vous voudrez : ça n'engage pas à être féministe.

leusement respectée. En convoquant les enfants de votre école pour se rendre, en corps, dans un lieu quelconque affecté à l'exercice d'un culte quelconque, sans tenir compte de leurs opinions individuelles, ou de celles de leurs parents, vous exerceriez ou sembleriez exercer une regrettable pression sur les consciences.

La Municipalité a le devoir de mettre un terme à ces abus.

Vous êtes, comme tout citoyen, absolument libre de pratiquer telle religion qu'il vous plaira et comme il vous plaira. Vos élèves ont individuellement le même droit absolu d'aller à telle Église qu'il leur plaît, avec ou sans leurs parents, suivant que ceux-ci le jugent convenable. Mais... il est impossible que vous songiez à jamais les convoquer en corps pour assister à une cérémonie religieuse...

Vous remarquerez qu'il vous est, dès lors, interdit de conduire les enfants de votre école au catéchisme.

Les enfants sont libres, avec l'agrément de leurs parents, d'aller ou non au Catéchisme, les jours de congé ; mais... je ne puis permettre davantage que vous consacriez le temps des classes à l'enseignement des dogmes d'une religion quelconque.

Je vous enjoins donc de n'instituer dans votre école aucun enseignement du Catéchisme.

Salut et Fraternité.

Le Maire du XVIIIe arrondissement :
G. CLEMENCEAU.

Paris, le 28 octobre 1870.

MOI

Il y a aussi un personnage célèbre dont je voulais vous dire un mot...

M. CLEMENCEAU

Ah ? qui ?

MOI

C'est S. M. Édouard VII, roi d'Angleterre [1].

1. Une belle lettre adressée à *Son Excellence M. Clemenceau, Président du Conseil des Ministres en France, Haus Belvedere, Carlsbad.* Elle porte au recto un timbre de 3o heller à l'effigie de François-Joseph jeune et un timbre de 1o heller à l'effigie de François-Joseph vieux. Au verso un cachet de cire rouge : un lion et une licorne s'affrontant autour d'un blason écartelé qui s'accompagna de cette devise : « *Honni soit qui mal y pense* » ; au-dessous, une banderole avec cette autre devise : *Dieu et mon droit* ; au-dessus la couronne royale.

> *Hôtel Weymar.*
> *Marienbad*
> *23r. Aug. 1908.*
>
> *Major General Sir Stanley Clarke presents his compliments to H. E. Monsieur Clemenceau and is desired by His Majesty, Kind Edward (Duke of Lancaster) to invite him to lunch at the Hôtel Weimar on Wednesday Aug. 26 th. at one oclok, and to beg him to come in « costume de campagne et de voyage ».*
>
> *His Majesty has also invited M. Isvolsky.*

Or, dans le *Times* du 24 décembre 1920, le rédacteur en chef de ce journal, autrefois correspondant spécial en Autriche-Hongrie, rapportait les détails d'une conversation qui eut lieu à Marienbad le 26 août 1908 entre le roi Édouard et M. Clemenceau : « Au cours de cette longue conversation, M. Clemenceau avait manifesté ses craintes sur l'avenir des relations internationales et envisagé déjà un conflit probable : « L'Angleterre, avait-il dit, a confiance dans la puissance de sa flotte pour détruire la flotte allemande mais pour la France le danger d'invasion est réel. »

Ici le *Times* termine en reproduisant en français la phrase même de M. Clemenceau : « *Ce n'est pas à Trafalgar, qui était pourtant une bien brillante victoire navale, mais à Waterloo, qui était une petite bataille, que l'Angleterre a cassé les reins à Napoléon.* »

M. CLEMENCEAU

Édouard VII était un brave homme, — oui, gentil, qui faisait vraiment ce qu'il pouvait. Grand noceur... Mais avec les grands noceurs il il y a toujours de la ressource. Un jour il m'avait invité à une réunion où il y avait douze femmes, qui, toutes les douze, avaient été ses maîtresses, et dans le nombre, il y en avait quelques-unes qui étaient encore agréables à regarder. Vous savez d'ailleurs que sa femme, la reine-mère... elle vit toujours, je crois ? a pour lui de la vénération. Quand je suis allé à Londres, je suis passé en voiture devant son palais, et, pour me voir passer, elle est descendue sur le trottoir. On m'a raconté ça. Alors je suis allé la saluer. Il y avait quelque chose de macabre et de comique : c'était une espèce de vieux domestique de cour, très élégamment habillé, avec une fleur à la boutonnière, cassé en deux par la vieillesse et qui, comme ça, faisait les honneurs, à quatre pattes. Alors la reine m'a dit :

« — Mais vous savez que je suis sortie hier dans la rue pour vous voir passer !

Elle m'a emmené devant un grand portrait de son mari et elle me l'a montré en disant :

« — Voilà un brave homme ! Il n'y a pas eu de plus brave homme sur la terre !

MOI

Et George V ?

M. CLEMENCEAU

Il est très gentil, lui aussi. Ce sont de braves gens, que voulez-vous ? tout ça. Ils font leur métier comme ils peuvent. — Vous êtes allé vous promener ces temps-ci ?

MOI

Oui. Je suis allé l'autre jour dans un pays qui s'appelle Champlieu. C'est à la lisière de la forêt de Senlis. J'ai découvert là une ancienne ville romaine, avec un temple, un théâtre, des bains...

M. CLEMENCEAU

Dont il ne reste rien ?

MOI

Pas grand'chose.

M. CLEMENCEAU

C'est mieux comme ça. L'architecture romaine gagne beaucoup à être en ruines. Vous ne connaissez pas Pompéi ? Ça vaut la peine. J'ai vu comme ça une ville morte aux Indes, avec des rues, des maisons... Je me demande seulement comment les gens faisaient pour entrer chez eux ? Il y a une ouverture tout en haut et rien pour y grimper.

MOI

Ils avaient peut-être des échelles...

M. CLEMENCEAU

Vous avez réponse à tout. — Des ruines... Le monde est pavé de ruines... On se promène sur des cimetières... On se retourne dans des squelettes... Je me rappelle qu'à Tégée, là où il y a ce grand temple d'Athéna, énorme, — je me demande ce qu'il faisait là, — il y a un homme qui est venu me trouver. Il m'a dit :

« — J'ai un champ de luzerne ; il n'y a qu'à se baisser pour ramasser des Tanagras.

« J'y suis allé. J'en ai ramassé des quantités, brisées, naturellement...

MOI

Pourquoi : naturellement ?

M. CLEMENCEAU

Parce qu'il faut faire marcher le commerce. Quand Critias, fils de Critias, apportait sa petite statuette au prêtre, le prêtre faisait un bon sourire et disait : « Merci, mon ami. » Il attendait que Critias s'en fût retourné chez lui et il cassait la statuette. De cette façon le commerce des statuettes était fructueux : les prêtres devaient avoir le tant pour cent. C'est à Tégée qu'il y a ce petit musée avec cette tête... Je vous l'ai montrée vingt fois. Venez tout de même. (*Il s'est levé.*) Venez voir la tête, Martet.

Nous passons dans le cabinet de travail.

M. CLEMENCEAU, me montrant le moulage de la tête de Tégée.

Hein ?

XVIII

DU PROTOCOCCUS A LA FEMME

J'ai sur ma table le manuscrit de ce livre inachevé où M. Clemenceau se proposait de donner les raisons profondes de son anti-féminisme. Je tourne les pages :

Préface.

Notre temps est fertile en systèmes, en théories de toutes sortes, en doctrines tout d'une venue, en idées générales sur tout, en hypothèses audacieuses sur plus que tout. Ces produits de la décomposition fatale des idées dont l'humanité a vécu jusqu'à ce jour pullulent et croissent à l'envi, se livrant d'étranges combats dans les cerveaux ardents d'une génération inquiète dont la science ne suffit pas toujours à satisfaire l'activité décevante et qui cèdent volontiers aux dangereux attraits du facile plaisir de deviner là où on ne sait pas encore et d'élever ces fragiles mais brillantes constructions qui sont les châteaux en Espagne de la science et qui s'évanouissent aux premiers souffles de la vérité.

Jamais époque ne fut peut-être aussi favorable que la nôtre[1] aux hardiesses de la pensée.

Le monde des faits abandonnés au hasard d'un empirisme aveugle et brutal, l'attrayant domaine de la spéculation ouvre ses portes toutes grandes aux esprits délicats en quête d'un refuge.

Pendant que, pantelante et brisée, sans cesse ballottée par la tempête qui finit vers la tempête qui commence, la vieille société toutes voiles au vent précipite sa course vers son dernier écueil, pendant que du rivage l'industrialisme déchaîne les appétits égoïstes et les passions animales pour les lancer au pillage de l'épave, les spéculatifs de toute classe, de tout genre et de toute secte quittent sans retour les débris disjoints, que l'abîme appelle, et qui naguère encore portaient la fortune de l'humanité, et s'embarquent dans l'orage pour le monde nouveau. Sans boussole, perdus dans la nuit, ils vont les yeux fixés sur les étoiles, se confiant sans crainte au destin, parce qu'ils savent que leur frêle radeau porte l'avenir, qu'un port inconnu l'attend et qu'avant peu ils verront accourir de l'horizon le vent sauveur qui doit les y pousser.

Mais avant que ce jour ne se lève, combien d'épreuves, de désillusions, de désappointements, de déceptions ! On se dispute le gouver-

---

1. Ces lignes ont été écrites vers 1869.

nail. Le hâvre est là quelque part derrière la vague. Chaque coup de rame, chaque effort les en rapproche dans le temps et souvent les en éloigne dans l'espace. Car tous se succèdent à la barre et plus d'un, trompé par le nuage qui passe à l'horizon, met le cap sur une terre fantastique dont une folle imagination lui découpe la silhouette incertaine dans la brume.

Puis quand l'erreur est reconnue, un autre pilote se présente et de recommencer l'aventureuse course avec l'espoir secret de devancer le jour marqué par le destin où tant de persévérance et de foi doivent recevoir leur juste récompense.

Mais la certitude que le soleil doit se lever demain ne rend pas la nuit moins noire et moins pleine d'inconnu. Le doute, le désarroi, la confusion sont partout. La plus folle anarchie d'opinions et de sentiments se révèle. A force de discuter, de subtiliser, de retourner les questions et de les envisager sous toutes leurs faces, il n'est presque plus rien qu'on n'ait dit ou proposé. A ce point qu'il n'est peut-être pas un seul point de doctrine, si futile qu'il puisse être, sur lequel toutes les opinions raisonnables ou déraisonnables qui peuvent être étayées d'un semblant d'argumentation ne l'aient été.

Il serait donc extraordinaire que la question dont je vais m'occuper, celle de l'égalité des sexes, eût, par un privilège d'autant plus étrange que l'importance et l'attrait des questions qu'elle soulève la signalent à toutes les imaginations en quête de nouveau, échappé à cette fatalité de notre situation.

Cet important problème ne pouvait manquer d'être soulevé par les esprits aventureux et chercheurs à qui les nombreuses et flagrantes iniquités dont se compose ce qu'on est convenu d'appeler les fondements de l'ordre social ne donnent que trop le droit de douter des institutions sociales et politiques actuelles. C'est ce qui est arrivé. D'ailleurs la question de la place de la femme dans l'ordre biologique et sociologique a depuis longtemps préoccupé les esprits les plus éminents. Aristote. Mais aujourd'hui cette question prend un intérêt tout particulier et plus vivant que jamais.

L'esprit humain est actuellement en train de refondre ses croyances au creuset de l'observation aidée du raisonnement. Il s'agit de savoir si la théorie du couple humain sur laquelle repose implicitement la société actuelle soutiendra l'épreuve.

Des esprits croient que non et parmi eux au premier rang je m'empresse de ranger M. Mill que des raisons de sentiment toutes personnelles et d'un ordre absolument privé ont rangé dans le camp de ceux qui croient à l'égalité des sexes. Un esprit aussi cultivé et aussi rompu aux spéculations les plus ardues n'a certainement pas été entraîné à dépasser le but par l'enthousiasme et l'entrain de la recherche : c'est pourquoi je me plairai à le mettre en cause.

D'ailleurs, il faut bien le dire, la question est relativement neuve. J'entends au point de vue scientifique. Jusqu'ici beaucoup de publicistes se sont déclarés partisans d'un état de société où *l'égalité des sexes serait proclamée par la loi et tous ont dit leurs raisons pour penser ainsi ; mais personne n'a encore discuté la question scientifiquement* [1].

Ceci rend à la fois mon travail plus simple et plus difficile. Comme cet essai ne vaudra que par la façon plus ou moins logique dont seront groupées les observations déjà faites, l'intérêt qui s'attachera à la méthode d'après laquelle seront groupés les faits rendra le lecteur moins exigeant à l'égard des aperçus nouveaux et des vues originales qui font défaut.

Enfin la méthode elle-même ne m'est point propre. Je la dois à Auguste Comte, et, je me hâte de le dire, c'est à elle que sera due toute l'utilité de ce travail ainsi que tout l'intérêt.

Ce qui constitue en effet l'originalité de ce travail c'est que le côté social de la question que j'y étudie est partout subordonné au côté biologique. Or on sait que c'est à Comte qu'appartient la gloire d'avoir montré d'une manière définitive la subordination des phénomènes biologiques aux sociologiques. Divers points ont été contestés dans la hiérarchie des sciences de Comte mais celui-ci (voir Huxley et Spencer) est resté inattaqué et inattaquable.

Cette vérité est tellement entrée dans les esprits qu'elle a suffi à faire la gloire d'écrivains qui ne l'ont que partiellement adoptée (Taine, Rendu) et qui sans doute refuseraient de conve-

---

1. On remarquera que cette méthode de discussion est la même que pour la thèse de médecine et pour *Au Soir de la Pensée*.

nir que leurs spéculations relèvent plus ou moins directement de celles de M. Comte.

La préface s'arrête là. M. Clemenceau y a joint cette note :

J'ai dû étudier le sexe féminin dans les séries végétales et animales, pour tâcher d'en saisir les tendances qui en sont d'autant plus clairement indiquées du moins dans leur état primitif et rudimentaire que l'organisme est moins compliqué.

Enfin si j'ai dû étudier la femme physique et physiologique avant d'étudier la femme sociologique, c'est que « sans une théorie exacte de la vie, le développement des sociétés, en histoire, en sociologie, manque de son meilleur appui. » (Littré. Paroles de philosophie positive, p. 12.) *Je dirais de sa seule base naturelle.*

Pour savoir quel doit être le rôle de la femme dans la société le jeune positiviste se met donc à étudier le sexe des fougères et des champignons. Il se plonge dans le *Traité de Paléontologie Végétale* de Schimper. Il lit les *Principes d'Anatomie Comparée*, de Blainville, la *Femme et les Mœurs*, d'André Léo, la *Physique Sociale*, de Quatelet, etc. Il va jusqu'à lire l'*Histoire Philosophique et Médicale de la femme considérée dans toutes les époques principales de la vie,*

avec ses diverses fonctions, avec les changements qui surviennent dans son physique et son moral, avec l'hygiène applicable à son sexe, et toutes les maladies qui peuvent l'atteindre aux différents âges, par le Dr Menville de Pousan, Chevalier de la Légion d'Honneur, médecin du Ministère de l'Agriculture, du Commerce et des Travaux Publics, Membre de la Société Impériale Zoologique d'Acclimatation, de la Société de Médecine pratique de Montpellier, et de la Société Académique des Hautes-Pyrénées [1].

Bourré de notes, il dresse son plan.

De la fonction de reproduction en général et considérée dans le règne minéral.

Il griffonne les premières lignes du chapitre :

Dans la nature la fonction de reproduction par génération commence avec la série végétale, c'est-à-dire avec la forme la moins complexe de l'organisation. La pierre, la motte de terre, etc., se cassent et se divisent en fragments plus ou moins nombreux sous l'influence d'une cause traumatique comme peut le faire tout organisme, mais il n'y a rien là qui ressemble de près ou de loin à un acte de reproduction.

On ne peut cependant s'empêcher de remar-

1. Chez Broussois, Paris.

quer l'analogie qu'il y a entre la reproduction (si le mot est permis) d'un cristal et celle d'un zoophyte ou d'un protococcus par scissiparité. (Étudier cristallisation.) L'enfant cristal est semblable à son ou à ses parents, comme la cellule, affecte leurs formes, peut s'augmenter par amphigénèse comme certains végétaux inembryonés et se reproduire de la même manière dont il a pris naissance, etc.

Passons au déluge :

II

De la sexualité.

A l'époque où se termine la période de croissance de l'individu et avant que commence son dépérissement, époque d'une durée très variable, pendant laquelle l'être vivant jouit de la plénitude de son énergie, le mouvement de composition conserve une activité supérieure à celle que réclamerait le développement individuel, et l'excédent est destiné à la conservation de l'espèce.

Organe femelle apparaissant le premier dans la série végétale comme dans la série animale. C'est ce qui différencie le troisième du quatrième type des inembryonés. Voir pour le règne animal polypes, infusoires, zoophytes [1].

1. Dans une petite enveloppe de papier de soie jointe au plan de ce chapitre se cache cette note insidieuse :
Dans espèces inférieures des règnes végétal et animal la fe-

III

De la femelle dans la série végétale.

Dans une fleur complète les organes sexuels consomment toujours plus d'oxygène que la corolle et les organes femelles. Enfin dans les fleurs (un mot illisible) les fleurs mâles consomment toujours plus d'oxygène que les fleurs femelles.

IV

De la femelle dans la série animale[1].

V

De la femme en général et de la femme envisagée dans la série ethnologique[2].

melle paraît jouer un rôle prépondérant : le mâle paraît se relever et l'emporter dans les espèces supérieures des deux règnes.

1. Un fait capital : Gavarret. Du tableau, p. 82-83 il résulte que gélinotte noire d'Amérique mâle a une température plus élevée que la femelle.

2. Mais attention : Ce n'est pas que j'admette le règne humain. Cette division ne répond qu'à une commodité d'exposition de mon sujet.

VI

Biologie de la femme.

a. Physiologie [1].

1. Note très positiviste :

Comprenant psychologie. Comprend aussi morale. Cependant morale ne peut être envisagée dans individu isolé. Elle suppose le couple. Il faut être deux pour qu'elle apparaisse. Voir article de Littré.

M. Clemenceau copie dans Buffon :

Il n'y a que les hommes qui deviennent chauves en avançant en âge, les femmes conservent toujours leurs cheveux et quoiqu'ils deviennent blancs comme ceux des hommes lorsqu'elles approchent de la vieillesse, ils tombent beaucoup moins. Les enfants et les eunuques ne sont pas plus sujets à être chauves que les femmes. (Hist. nat. des animaux.)

Enfin il note les points capitaux de son chapitre :

1° Femme pas propre à effort parce que percée, tandis que l'homme en contractant son grand oblique, bouche suffisamment son canal inguinal qui est l'analogue de l'ouverture vaginale de la femme.

2° Femme pas propre aux mouvements rapides et légers à cause de disposition du bassin qui la condamne à marcher comme une cane.

3° Pas propre à porter fardeaux à cause des clavicules faibles qui d'ailleurs ne se peuvent développer vu le manque d'exercice provenant de l'impossibilité de l'effort ; id. pour muscles et apophyses osseuses ; femme gauche dans exercices du corps : lancer une pierre, etc...

4° Sens moins exercés, moins sûrs.

5° Le système nerveux ne trouve pas dans l'activité des fonctions de relations le contrepoids dont il aurait besoin et l'équilibre est rompu. Cerveau, cervelet, moelle.

6° Appétits voluptueux d'où altruisme, d'où moralité de la femme.

b. Pathologie[1].

Enfin la conclusion :

VII

Sociologie de la femme.

M. Clemenceau a cette fois sur de multiples bouts de papier accumulé les arguments :

On dit : la femme sera exemptée du service militaire et des corvées trop rudes pour elle comme on en décharge un homme malade. C'est là un aveu : la femme physiologique = l'homme pathologique. Or c'est deux organismes sains qu'il s'agit de comparer pour en connaître les fonctions. Allaitement. Prostitution. Pédérastie = prostitution mâle qui fait concurrence à prostitution femelle.

———

La participation au suffrage n'est pas un droit ni une fonction. C'est un moyen de protection. Suffit par famille car l'intérêt de la famille est un.

———

1. *Femme a une physiologie pathologique. La femme est une malade (Michelet). Règles. Accouchements.*

Parures. Bijoux pour attirer la vue de l'homme. Sentiment réciproque chez l'homme (mais considérablement affaibli et modifié) pour attirer la vue de la femme. Je dis que ce sentiment est modifié car homme ne cherche plus (il le faisait autrefois) à attirer regard de la femme par avantages physiques mais bien par avantages intellectuels et moraux. La femme est condamnée à compter beaucoup sur ses moyens physiques.

Livre de Mill. Fortes pensées mais ni méthode ni clarté. Que veut-il? Égalité des droits dans le mariage? Accordé. Égalité civile? Accordé. Ouvrir de suite la porte de la politique aux femmes? Je dis non. La politique se transforme à mesure que l'homme se transforme. Nous ne savons pas ce qu'elle deviendra un jour mais aujourd'hui elle comprend non seulement parlement, mais guerre (armée, marine, police, etc.) L'organisation de la femme l'en éloigne. Si dans le futur il arrive jamais que la femme se fasse ouvrir les portes de la politique, c'est que celle-ci (non la femme) se sera transformée. Nous ne disons pas que cela n'arrivera jamais mais que cela n'arrivera jamais tant que la politique et les hommes resteront ce qu'ils sont.

Si les femmes entraient dans la vie politique actuelle qu'elles n'ont pas créée, elles se trouveraient dans la position des nègres en Amérique, dont les circonstances ont rendu fatale l'admis-

sion dans le corps politique. Corruption et vénalité augmenteraient singulièrement.

Tout ce que les femmes peuvent demander c'est qu'on les laisse se développer.

A propos de la *Dynamique Sociale de la femme* le Dr Clemenceau s'interroge :

Y a-t-il évolution ? dans quel sens ? la femme la seconde-t-elle ? l'a-t-elle secondée ? dans quelle mesure ? comment ? facultés progressives de la femme ? ses manifestations dans les progrès de l'esprit humain : sciences, arts (comprenant lettres). Société. Gouvernement.

Un petit morceau de papier s'échappe d'une dernière petite enveloppe :

Parmi femmes célèbres, qui voudrait être leur parent ? frère, père, etc.

Les organes mâles des fleurs consomment plus d'oxygène que les organes femelles.

La température des gelinottes mâles est plus élevée que celle des gelinottes femelles.

La femme est « percée ».

D'où l'antiféminisme de M. Clemenceau.

De cela et aussi des curés...

XIX

DE QUELQUES JUIFS
SCHLIEMANN ET LES ATRIDES
« QU'EST-CE QUE LE BONHEUR ? »

6 juillet 1928.

M. Clemenceau est en train de travailler.
J'entre avec ma femme.

M. CLEMENCEAU

Ah ! Bonjour ! Mais vous avez bonne mine,
Madame Martet !

MA FEMME

Vous aussi, Monsieur. Mon mari m'a dit que
vous deviez partir dimanche. J'ai voulu venir
vous dire au revoir.

M. CLEMENCEAU

Mais vous venez en Vendée ?

MA FEMME

Si vous le permettez. Avec grand plaisir.

M. CLEMENCEAU

Je le permets et le plaisir est pour moi. Asseyez-vous.

Nous nous asseyons.

MOI

Alors, Monsieur ?

M. CLEMENCEAU

Alors, Monsieur Martet ?

MOI

Nous avons donc perdu un grand financier ?

M. CLEMENCEAU

Quel grand financier ? Lœwenstein[1] ? Comme par hasard ce grand financier était juif...

MOI

Et bien que juif il s'occupait de choses d'argent...

M. CLEMENCEAU

Belle mort. Un peu tapageuse...

MOI

Empédocle...

M. CLEMENCEAU

C'est ce que j'allais dire. A propos d'Israël

1. Tombé de son avion le 4 juillet en traversant la Manche

j'ai reçu la visite d'Edmond de Rothschild. Il tient encore sur ses jambes... Eh bien ! Edmond de Rothschild est parmi les Juifs un bon Juif. Il est resté là un moment, il m'a dit des choses qui ne manquaient pas de sens, ce qui est assez étrange de la part d'une puissance d'argent... des choses où, même, il y avait comme qui dirait des parties de noblesse. Edmond de Rothschild ne fuit pas systématiquement les idées. Ces trente millions qu'il a donnés pour les laboratoires... c'est assez bien, vous ne trouvez pas ? Et il est juif ! Et il est content d'être juif ! Un jour que je disais du mal des Juifs, il s'est levé, il a tapé sur la table... oui, Martet ! et il a dit :

« — Monsieur Clemenceau, le peuple juif est le plus grand peuple du monde !

« Et il s'est mis à me parler de ses Judas Macchabée. J'aime assez ça, — pas les Macchabées... mais qu'on n'ait pas honte d'être ce qu'on est ; c'est la seule façon de l'être proprement.

« D...[1] c'est un autre genre.

« Il me disait :

« — J'ai quelque chose comme cent dix ou cent quarante millions. Je ne sais pas au juste... Et l'ennuyeux est que je ne sais pas comment les dépenser !

« Alors je lui ai répondu :

« — C'est insensé ! Vous ne pouvez pas vous attacher à une œuvre ? donner de l'argent à quelque chose d'intéressant ?

« Il a pris un sourire malin :

____
1. Autre grand financier juif.

« — Vous avez quelque chose à me recommander ?

« Il se figurait que je voulais le taper pour quelqu'un ou pour un hôpital. Je lui ai dit :

« — Mais non. Je ne connais rien. C'est pour vous... pour que votre vie ait un sens... »

MOI

Il est difficile de savoir à la fois gagner de l'argent et le dépenser.

M. CLEMENCEAU

C'est ce qu'il me disait. Il me disait :

« — Mon père ne m'a appris que ça : à gratter, à racler. Quand vous pensez que je suis malheureux lorsque mes commis écrivent des lettres sur des feuilles de papier à lettre ! Je voudrais qu'ils les écrivissent sur des bouts de papier de rebut...

« Il le reconnaît. C'est déjà ça.

MOI

Et votre *Monet* ?

M. CLEMENCEAU

Fini, Monsieur Martet ! Je suis en train de me préoccuper de l'illustration. Car l'éditeur trouve qu'il faut des images.

MOI

Ah ? pas commode !

M. CLEMENCEAU

Non. Enfin on mettra tout de même des choses comme les Peupliers.

MOI

En noir ?

M. CLEMENCEAU

Naturellement. J'ai rendez-vous avec Mme Monet aux Nymphéas. Je voudrais qu'elle m'expliquât quel ordre Monet a suivi dans ses toiles et pourquoi il a voulu qu'elles fussent placées comme ça. Je vous annonce qu'il m'est arrivé une aventure assez étrange. J'ai eu besoin ce matin de me faire couper les cheveux. J'ai demandé un coiffeur. Il est venu. Il avait toute la mâchoire en or.

MOI

Schliemann aurait été content.

M. CLEMENCEAU

Oui ! Eh bien ! vous savez : il faut voir ça... ses fouilles de Mycènes... Ça a beaucoup de gueule. Il avait dit : « Là vous devez trouver Agamemnon... » On fouille. On trouve quelque chose qui a bien pu être Agamemnon.

MOI

Pourquoi pas ?

M. CLEMENCEAU

Mais oui ! Schliemann dit : « Mais vous devez en trouver deux autres... » On fouille. On trouve deux autres bonshommes. Triomphe de Schliemann. Le malheur c'est que le lendemain on en trouve un quatrième, un cinquième... toute une collection...

MOI

Tous les Atrides. Schliemann a rendu de bien mauvais services à l'archéologie. Il a entièrement saccagé Troie.

M. CLEMENCEAU

Ah ! avec les Boches, il faut se méfier ; quand ils se trouvent devant une ville, il y a le sang qui parle : ils démolissent.

Nous nous levons et nous nous dirigeons vers la porte.

MOI

Vous avez lu le bouquin de Sartiaux ?

M. CLEMENCEAU

Oui. C'est bien. Il y a deux ou trois petits coups de patte au Christianisme... C'est-il dommage qu'il y ait eu le Christianisme ! On aurait si bien vécu dans l'adoration de Jupiter, de Mercure, de tous ces braves dieux qui n'étaient pas jaloux de la concurrence et qui, chaque fois qu'il venait un autre dieu, se serraient un petit peu pour lui faire de la place... Tandis que votre Bon Dieu ! *(A ma femme :)* Vous êtes chrétienne, Madame ?

MA FEMME

Doublement, Monsieur. J'ai été baptisée catholique et j'ai fait ma première communion protestante.

M. CLEMENCEAU

Vous ne vous êtes pas mariée à la synagogue ?

Vous avez eu tort... Il faut miser sur tous les tableaux.

> *Nous sommes arrivés dans l'entrée. Au moment où nous lui tendons la main.*

M. CLEMENCEAU, *nous regardant.*

Vous êtes heureux ?

MOI

Nous tâchons de l'être...

M. CLEMENCEAU

Qu'est-ce que le bonheur ?

XX

« JE VOUS DEMANDE DE FAIRE POUR MOI... »

J'écris à M. Clemenceau :

11 juillet 1928.

Cher Monsieur,

J'ai besoin de vous dire avec quelle joie je me suis mis à ce travail et combien je vous suis reconnaissant de la confiance que vous me témoignez..., etc.

M. Clemenceau me répond :

Saint-Vincent-sur-Jard.
13 juillet 1928.

Mon cher ami,

Je voudrais vous remercier de vos remerciements mais cela décidément me paraît superflu.

Au vrai je vous demande de faire pour moi beaucoup plus que je n'ai jamais fait pour vous. N'en parlons plus et vive l'amitié pour le temps qui peut m'être imparti.

Je suis présentement au cœur d'une fournaise avec des fraîcheurs de vent coulis le soir et le matin. Je vais mieux qu'à mon départ. Je vous attends avec Mme Martet à qui je vous prie de dire qu'il y a un piano mécanique au Café de l'Océan. J'y ajoute le charme des sardines et de ce je ne sais quoi qui n'a de nom dans aucune langue.

Jusqu'à ce jour affectueux souvenirs.

G. CLEMENCEAU.

Puis comme je lui ai écrit que nous comptions arriver chez lui le 30 juillet :

Saint-Vincent-sur-Jard.
24 juillet 29 (sic).

Cher ami,

C'est entendu. Je vous attends lundi matin pour déjeuner. Si vous pouvez apporter un petit colis de fraîcheur, vous serez les bienvenus. Au dessert nous ferons des plans et peut-être même finirons-nous par les exécuter.

Dans nos voiles tout le vent de la mer ou le calme plat à volonté.

G. CLEMENCEAU.

XXI

A SAINT-VINCENT-SUR-JARD

30 juillet 1928.

Un beau ciel bleu tendre sur lequel glissent d'énormes et indolents ballons de blancheur.

Machecoul. Challans. Les Sables. Talmont. Jard. Saint-Vincent-sur-Jard.

A la sortie de Saint-Vincent la voiture s'emplit d'une bouffée de brise fraîche chargée d'une âcre odeur de varech. Le chemin file vers la mer... A droite une bicoque isolée : le fameux Café de l'Océan dont M. Clemenceau souhaite que les tenanciers se ruinent à bref délai.

Puis un petit bois de conifères où le chemin s'engage. A l'entrée se dresse un écriteau : *Propriété Privée*. Je fonce. C'est là... Voilà ce que les cartes postales de Jard et de Talmont appellent : *la bicoque de M. Clemenceau*. Une longue bicoque de paysan avec un toit de tuiles. Devant la maison un fouillis de fleurs et d'herbes qui poussent on ne sait comment dans le sable de la dune. Au delà du « jardin » la plage d'or pâle et au delà de la plage le sourire d'une mer qui rêve au soleil.

Sur un banc face à la mer un homme en blanc est assis ; c'est M. Clemenceau.

Il nous a aperçus :

— Tiens ! les voilà !

Il ne nous laisse pas le temps de dire un mot :

— Qu'est-ce que vous pensez de mes jets d'eau tournants ?

— Admirables !

— On ne se croirait pas au Parc Montsouris ?

Au bout d'un mât planté sur le bord de la dune flotte une grande carpe japonaise où la brise s'engouffre.

Un bonhomme montre sa tête entre deux touffes de verdure :

— Hé ! lance M. Clemenceau. Il faut m'enlever ces fusains-là ! Ça bouche la vue !

Il se tourne vers nous :

— C'est le jardinier. Il ne veut pas comprendre que je veux voir la mer. Venez. Voilà vos chambres.

— Deux ? C'est beaucoup...

— Je vous l'ai dit : le lit est étroit comme une pirogue. Maintenant venez par ici. Voilà mes cyprès. Regardez ça... Ça pousse comme du chiendent. D'ailleurs dans l'herbe tout pousse.

— Il y en a deux ou trois qui...

— Dites le mot : ils sont crevés. C'est une

mauvaise brise qui a passé. Retournez-vous...
Hein ? Ces chardons bleus ! ces choses roses !
Ces sortes de chevelure où le vent s'amuse... Pas
épatant ? Et ça ! tout ça ! cette mer et le ciel ! Ce
petit nuage solitaire qu'on a l'air d'avoir oublié dans un déménagement...

— Il y a une île au fond de l'horizon...

— Piétri prétend que c'est la Corse. Je crois
que c'est l'Ile de Ré.

A gauche et à l'extrémité de cette grande
faucille qu'est la plage blonde : la pointe de
Groin. Des bateaux lointains. Une mouette. Le
bruit doux des vagues qui s'affaissent languis-
samment sur la grève...

— Venez faire le tour de mon château...

Par derrière la maison s'étend un petit en-
clos de fleurs que protègent des haies de genêts
morts :

— Le matin je viens m'asseoir là, dit M. Clemenceau. Je regarde et j'écoute. De minuscules
oiseaux viennent se percher à la pointe extrême
de ces branches et se balancent en jetant de petites notes.

Nous entrons dans le salon. C'est une sorte
de grande cabine de bois que M. Clemenceau a
fait construire et qu'il a emplie de tous les
meubles de Bernouville[1]. Des fenêtres sur la
campagne. Une fenêtre sur l'Océan. Pas de fon-
dations. C'est posé à même le sable.

Nous traversons la pièce et ressortons par une
porte de petite étable de la Nativité dont M. Cle-

---

1. M. Clemenceau avait vendu la propriété qu'il avait à
Bernouville, dans l'Eure.

menceau a fait son coin de prédilection. Des troncs d'arbre soutiennent le toit de branchages. Cela s'ouvre sur la mer ; le bruit des jets d'eau et des vagues y entre doucement avec la brise...

— Alors ? demande M. Clemenceau. Strésemann vient à Paris ? Est-ce qu'on pavoisera ?

Il me prend par le bras :

— Venez voir mon nid...

Nous faisons quelques pas dans le sable et soudain :

— Halte ! Penchez-vous...

Il écarte une touffe de fusains. J'entr'aperçois dans une coupe de duvet de petits crânes horribles où les yeux se dessinent sous forme de tumeurs violettes.

— Pour seize mille francs j'ai fait bastionner mon jardin : l'Océan l'aurait absorbé...

Une terrasse domine la plage. On marche dans les iris jaunes.

— Regardez-moi ça ! Ça pousse partout ! Je ne peux m'asseoir nulle part sans qu'il me pousse un iris entre les pieds...

Nous nous asseyons sur un banc de bois lavé et rongé par le vent de mer.

— Rêvons, dit M. Clemenceau.

Je lui demande :

— A quoi ?

— A la Fraternité des Peuples !

Albert surgit de derrière le banc :

— Monsieur le Président est servi.

— Parfait ! dit M. Clemenceau. Ce rêve m'a creusé... Allons manger !

XXII

EN AUTO DANS LES PETITS CHEMINS VENDÉENS

La salle à manger sert en même temps de cuisine. Une grande cheminée à hotte avec des chenêts et dans le coin de laquelle se dresse une immense paire de pincettes. Au mur, des quantités de plats et de chaudrons en cuivre pendus à un clou ou posées sur des consoles de chêne ciré.

Albert sert pendant que Clotilde — une petite bonne femme à coiffe — continue dans un coin à lier ses sauces.

Le menu est savoureux.

Une omelette soufflée.

Du mouton à la tomate...

— Hé ? fait M. Clemenceau.

— Fameux !

— Ce n'est rien. Ce ne sera rien tant que vous n'aurez pas mangé de mon poulet Soubise.

Des haricots verts. Une crème au chocolat que M. Clemenceau regarde d'un œil d'envie...

— Je n'en mangerai pas. J'ai encore cinq grammes de sucre. (*A Albert.*) Donnez-moi ma pêche.

On lui sert une pêche pochée qu'il dévore en se brûlant le palais.

— Fini ? Venez prendre le café par ici...

On passe dans la petite grange de la Nativité.

M. CLEMENCEAU

Je suis en train de lire Gibbon. Il y a des choses très bien dans Gibbon. Par contre il y a un phénomène qui me dégoûte prodigieusement : c'est Bossuet. Mme Martet n'eût pas été là que je l'eusse volontiers traité de salaud. Il discute de la date de la création du monde...

MOI

Lanson parle pourtant de l'*Histoire Universelle* comme d'un livre sérieux.

M. CLEMENCEAU

C'est ce qui prouve bien que Lanson lui-même a des parties de faiblesse.

> *Albert apporte le café et le courrier.*

M. CLEMENCEAU, *à ma femme.*

Soyez gentille. Faites le service. Pas de sucre pour moi. (*Il avale son café et parcourt d'un coup d'œil ses lettres.*) Il y a une question qui se pose. Je veux vous emmener voir l'endroit où je suis né et celui où je suis enterré. Mouilleron et le Colombier. C'est une idée que je me suis mise dans la tête. Mais pour voir ça il faut la journée. Aujourd'hui nous irons voir Martin qui est en train de se jouer la comédie du propriétaire rural à Champ-Saint-Père. D'ailleurs il fait chaud. J'ai horreur de ce soleil... Il n'y a de salut pour moi que dans la pluie.

A deux heures Brabant est là. Nous montons dans l'auto. Nous filons... La Rolls est une vieille Rolls aurignacienne à la carrosserie fatiguée et dont les ressorts nous tannent les fesses. Nous croisons des groupes qui reviennent du marché : les hommes en veston noir et les femmes fagotées dans des corsages ronds comme des tours.

— Allons donc d'abord voir le grand-père de la femme d'Albert, dit M. Clemenceau. C'est lui qui l'a élevée. Il lui disait un jour :

« — Ma fille, il n'y a qu'une chose qui réponde à tout : c'est la simplicité.

« Il est maire de Saint-Hilaire.

Nous filons. De temps en temps nous voyons passer en une sorte d'esquisse zigzaguante — Brabant tient le 110 et ne le lâche qu'avec désespoir — de petites maisons blanches coiffées de tuiles roses. Des gens nous regardent surgir de l'horizon et nous y replonger : je photographie de l'œil leurs yeux agrandis de stupeur. Des voitures de paille tirées par deux bœufs blonds... Des poules qui s'effarent et se suicident tête baissée... Des ânes qui continuent philosophiquement leur trottinement. Le ciel est bleu et le soleil tape.

Saint-Hilaire. La Rolls s'arrête devant une porte. Nous entrons. Des murs crépis à la chaux. Une vieille armoire. Une vieille horloge qui balance un disque de cuivre astiqué comme un soleil. Un lit à la tête duquel est accroché un portrait de M. Clemenceau avec ces mots griffonnés à la plume d'oie : « *A Monsieur Ouvrard, Maire de Saint-Hilaire. Cordialement. Clemenceau.* » De l'autre côté de la porte et formant pendant avec M. Clemenceau : la Sainte Vierge tenant l'Enfant.

Des diplômes sous verre.

Voilà le fils Ouvrard et sa femme.

Voici Ouvrard père. Il descend du premier étage en clopinant.

— Ah ! qu'est-ce qu'il y a ? demande M. Clemenceau.

— C'est dans le pied qu'ça me tient...

Il ressemble à M. Clemenceau. Même construction de crâne et même carrure.

Ils sont l'un et l'autre sur un pied d'égale cordialité. Des mots simples, gentils... Ils se tapent l'un l'autre sur l'épaule : « Alors ? Quoi ? Ça va-t-il ? » Des vérités premières sur le temps, des blagues antiques sur la vieillesse... Après quoi nous repartons.

Avrillé.

— Vous aimez les menhirs ? me demande M. Clemenceau. Venez voir ça !

Arrêt. Nous redescendons d'auto. Nous entrons dans la cour d'une grande maison bourgeoise du XVIIIe. Nous traversons une première cour. Nous en traversons une seconde. Nous voici dans le jardin.

— Eh bien ?

Oui. C'est un fameux menhir. Il sort de la pelouse comme un bras tendu.

— Il est beau ? L'homme voulait fouiller au

pied... Je lui ai dit : « Non. Il vous tomberait sur la gueule. » Ça appartient à un nommé Gillaizeau. Clotilde est restée trente ans chez lui.

Nous repartons.

Les petits chemins bordés de haies se transforment en couloirs de cendre blanche où tout disparaît. L'auto tourne et vire dans tout cela... Ça saute. Ça penche. Ça bondit.

— J'adore ces balades-là, dit M. Clemenceau. Ça me repose.

Moutiers-les-Maufaits. C'est la foire. Des gens en noir examinent avec gravité de grands bœufs tristes.

Champ-Saint-Père. Nous traversons le village d'un tour de roue et gagnons la maison des Martin qui est située près de la gare.

— Une chose qu'il faut savoir, dit M. Clemenceau. La Vendée est un pays où on entre dans les maisons par derrière.

Nous faisons donc le tour de la maison. Mme Martin paraît en haut des marches.

— Vous allez voir, dit M. Clemenceau. Elle va m'embrasser trois fois. C'est un rite.

Mme Martin l'embrasse. Trois fois. Nous entrons dans la petite maison sombre et fraîche ; tous les volets sont fermés. Une petite pièce aux murs blancs.

Entre M. Martin le père. Il est en gilet et sans col.

— Alors ? demande M. Clemenceau d'une voix sonore. Où est votre fils ?

Martin — « qui se joue la comédie du propriétaire rural » — est à la foire de Moutiers.

— Quoi faire ?

— Vendre du blé !

— Ça prouve qu'il a du pain de trop ! On se passera de lui. Écoutez-moi : je veux aller dans un endroit qui s'appelle l'Ombonnyère. J'y suis allé dans le temps. Je me rappelle qu'il y avait de l'eau et des cailloux...

Alors les Martin s'affairent... L'Ombonnyère ? Où peut bien être ce machin-là ? Si on demandait au pharmacien ?

— Je veux l'Ombonnyère ! répète M. Clemenceau. Il me faut absolument l'Ombonnyère !

— Oui ! dit Martin père. Vous l'aurez !

— On va vous le trouver ! dit Mme Martin.

On sort.

— Voilà Pierret ! dit Mme Martin. Pierret saurait sûrement...

— Qu'est-ce que c'est que Pierret ?

— C'est un homme qui s'appelle Vrignon...

— Bon !

— Il est vétérinaire...

— Parfait !

— Pierret ! Hé ! Pierret !

En conclusion de quoi nous regrimpons en voiture. M. Martin monte avec nous et Pierret s'installe sur le siège. Nous partons.

A peine a-t-on fait cent mètres que M. Clemenceau s'inquiète :

— Mais où vont-ils ? Mais qu'est-ce qu'ils font ? C'est pas par là !

— Laissez-les faire, dit Martin père.

— Mais ils sont fous ! C'est la route d'Aubigny ?

— Non...

— Il faut prendre la route d'Aubigny !

— Pas forcément...

— Je vous dis que si !

Brabant file le dos rond et la tête rentrée dans les épaules.

— Regardez-le ! dit M. Clemenceau. Il pourrait demander ! Dites-lui de demander !

Soudain l'auto s'arrête.

Vrignon — dit Pierret — ouvre la porte :

— C'est là...

— C'est là ? Vous vous fichez de moi ?

M. Clemenceau descend. Des masures. Un sentier de chèvre où M. Clemenceau s'aventure d'un pied las.

— Ma parole c'est là ! s'écrie-t-il tout à coup.

Nous arrivons à un ruisseau où poussent des nénuphars. Des rochers.

— Le coin est gentil, hein ? dit M. Clemenceau. C'est un peu la Suisse...

Il s'est assis sous un petit hangar à côté d'un tailleur de pierre. Je lui donne la main pour se relever : il s'appuie à mon bras et je le sens lourd...

Brabant s'est endormi sur le siège. On le réveille.

— Ah ! lui dit M. Clemenceau. Vous n'aurez plus longtemps à me sortir !

— Pensez donc ! répond Brabant d'une voix rude et paternelle.

XXIII

M. CLEMENCEAU ET LA RÉVOLUTION DE 1848

Nous avons regagné Saint-Vincent.

M. Clemenceau est rentré sans un mot dans sa chambre et s'est étendu sur le divan d'osier. A la tête du lit on aperçoit un bouclier en peau d'hippopotame derrière lequel se croisent deux lances : souvenir du Soudan. Un crâne de tigre tué aux Indes. Des têtes de gazelles et d'antilopes. La gueule grande ouverte d'un crocodile : « la seule bête ici que je n'aie pas abattue moi-même... » Sur tous les murs, des glaces où se reflètent tous les jeux du ciel et de la mer. Des bibliothèques bondées de livres. Des bibelots de tous les continents... Devant la fenêtre, une tablette couverte de paperasses et où, dans trois petits vases, trois roses cueillies du matin étalent leurs corolles : son bureau[1].

1. *De ma terrasse de sable où vient me chercher, sous les étoiles, la molle invitation du flot endormi, je vois, aux signes imprécis du jour, s'égrener les vapeurs d'une aérienne rosée...*

Je l'ai laissé se reposer. Je suis allé m'asseoir dans l'Étable de la Nativité. Les jets d'eau tournoient. Les oiseaux volètent dans les fouillis de fleurs jaunes, rouges, mauves. Silence que troublent seuls le bruit des vagues et le claquement du vent dans la carpe japonaise.

Soudain :

— Hé ! Vous rêvez ?

Il est là et me regarde avec des yeux crispés de lassitude mais goguenards.

— Venez voir mes fleurs !

Je vais. « Regardez-moi ce bleu de jeune fille ! Cette rose qui défaille ! Les roses sont indéfinissables... Elles échappent à tout... »

Nous nous asseyons sur le banc de bois qu'il a fait placer devant sa fenêtre.

MOI

Je voulais vous poser une question.

M. CLEMENCEAU

Posez.

MOI

Je relisais il y a quelque temps *Leurs Figures*, de Barrès. Barrès vous a-t-il quelquefois dit : « Excusez-moi. Je me suis trompé...»

M. CLEMENCEAU

Barrès ? Jamais ! Pas un seul de ces gens-là n'a jamais émis quelque chose qui ressemblât à une excuse. Pas plus Barrès que Déroulède. Pas plus Déroulède que Millevoye. Une fois, la sœur de Déroulède est venue me trouver et m'a dit deux, trois mots... Lui, rien. Il

(*Au Soir de la Pensée*, t. I, p. 15.) Que de pages il aura écrites sur cette tablette et devant cette fenêtre !

y a ici un nommé La Roche Thulon, qui a pris une certaine part à l'affaire Norton. Un jour, il est venu me voir avec une délégation du Conseil Général. Il m'a tendu la main et m'a fait un beau sourire. C'est à quoi se borna l'expression de ses regrets.

« Bah ! tout ça ! Regardez la mer...

*
* *

Après le dîner — sole au beurre et poulet Soubise... « ah ! ah ! Martet ! c'est sérieux, ça ! » — nous sommes venus nous asseoir dans sa chambre.

Silence. Un oiseau passe devant la porte. La lune monte au-dessus de l'horizon.

M. CLEMENCEAU, *soudain.*

Je suis là depuis quatre-vingt-sept ans ! Je vous ai dit que j'avais assisté aux journées de février ?

MOI

De février ?

M. CLEMENCEAU

En 1848 nous habitions à Nantes, 22, rue du Calvaire. Au rez-de-chaussée. Je me rappelle cette maison... Il y avait une cour où je jouais. Un jour, j'étais à la fenêtre avec ma sœur... Mon père est arrivé avec un air ! et il nous a demandé :

« — Où est votre mère ?

« Ma sœur m'a dit :

« — Le roi est mort !

« C'était bien quelque chose comme ça...

XXIV

LA DIGIBAHINE
HYPER-TENDUS ET HYPO-TENDUS
NEW-YORK AUX ITALIENS

31 Juillet 1928.

M. Clemenceau est malade. A huit heures, Albert nous a apporté le déjeuner dans notre chambre. Je lui ai demandé :

— M. Clemenceau n'est pas levé ?

— Pas encore.

— Ça lui arrive de se lever si tard ?

— Jamais...

Je sors dans le jardin. Je passe devant sa porte. Je vais m'asseoir dans la petite étable. Le temps est finement couvert. Des oiseaux volent et se posent sur les haies.

La matinée se passe. Nous déjeunons sans M. Clemenceau. Albert nous dit : « Il ne veut pas convenir qu'il s'est fatigué hier. Le médecin lui avait interdit de s'agiter. »

Dans l'après-midi je vais faire un tour par les bois de pins. Au retour je passe devant sa porte :

— Martet !

J'entre. Il est couché tout habillé — un complet de toile blanche — sur son lit.

MOI

Comment allez-vous, Monsieur ?

M. CLEMENCEAU

Comme un homme qui n'arrive pas à crever. (*Il me montre sa tablette-bureau.*) Il y a là votre note sur Foch. Prenez-la.

MOI

Y a-t-il un médecin à Luçon ?

M. CLEMENCEAU

Bouh ! j'sais pas... Il y en avait un dans le temps qui n'était pas mal. Un interne des hôpitaux. Il ne savait jamais quoi donner. Ma mère l'avait fait appeler pour quelque chose qu'elle avait. « Si je vous donnais ça, Madame ? » — « Mais c'est comme vous voudrez, Docteur. » Il ne connaissait ni les maladies ni les remèdes. C'est une très sérieuse garantie. Il est mort. Maintenant, il y en a cinq ou six. Vous savez : il y a comme ça des moments où les moustiques s'abattent...

MOI

Vous ne voulez pas en faire venir un ?

M. CLEMENCEAU

Pour quoi faire ? Je sais ce que j'ai. J'ai trop absorbé de digibahine.

MOI

De quoi ?

M. CLEMENCEAU

Sachez qu'il y a trois drogues en médecine. Pas plus. Seulement, de temps en temps, il faut tout de même un peu épater le malade : alors on change les noms. La digibahine est une espèce de digitaline dernier bateau. Dans ma jeunesse, ça calmait le cœur. Maintenant, ça l'excite. Ne cherchez pas à comprendre. Associée à une autre drogue qu'a inventée cet homme... comment s'appelait-il ? cet homme de l'Ardèche... Astier... Non... Astier c'est la coca... Enfin, il paraît que ça fait du bien. J'ai demandé à mon médecin...

MOI

Lequel ?

M. CLEMENCEAU

De Gennes. Celui qui a remplacé Florand... comment se manifestait l'empoisonnement par la digibahine...

MOI

Mais vous aviez donc envie de vous empoisonner ?

M. CLEMENCEAU

Je voulais tâter. Il m'a répondu : « Ralentissement du pouls et troubles gastriques. » Pour le ralentissement du pouls je n'ai pas de pouls du tout : c'est plus commode. Pour les troubles gastriques j'ai un peu l'impression d'être dans un tobogan. Il y a deux catégories de gens, Mar tet. Les hypo-tendus et les hyper-tendus. Les hyper-tendus claquent généralement aux cabinets. Ou en faisant l'amour : comme Félix Faure et un certain nombre d'autres illustres personnalités. Florand est mort en donnant une consultation : effort cérébral. Il se trouvait devant un malade. Ça l'affolait un peu. Les hypo-tendus ne meurent pas tout d'un coup. Ils traînent lamentablement. C'est le sort qui m'est réservé. Dieu m'éprouve. Laissons-le faire.

> *Il parle sans me regarder, les yeux au plafond, tantôt ramenant d'un coup de poing son bonnet gris sur sa face terre cuite et tantôt, sans raison, le rejetant en arrière.*

M. CLEMENCEAU

Je voulais vous amener au Colombier. Voilà une occasion épatante !

MOI

Ah ?

M. CLEMENCEAU

Oui. Vous m'y conduirez mort. (*Un silence.*) Je voudrais tant crever ici... Il n'y aurait personne. (*Il se tourne vers moi et semble m'apercevoir.*) Mais qu'est-ce que vous faites debout ? Asseyez-vous... Où est votre p'tite femme ?

MOI

Je l'ai aperçue dans l'Étable de la Nativité. Elle est en train de regarder un crapaud qui se hisse de pierre en pierre et qui ressemble à un petit monstre humain.

M. CLEMENCEAU

On a fait beaucoup de littérature sur les crapauds. Je ne crois pas qu'ils vaillent mieux que les hommes. Il est même possible qu'ils aient une âme... Je ne sais par quels sortilèges vous avez conquis Piétri...

MOI

Tant mieux. Je l'aime bien. Il a pour vous une affection si parfaitement désintéressée...

M. CLEMENCEAU

La Corse est un pays extraordinaire. Vous ne connaissez pas Sartène ? Une place sinistre avec des murs percés d'ouvertures qui ont peut-être eu l'ambition un jour de servir de fenêtres mais qui ne sont plus que des meurtrières... Dans un village il y a un avocat qui m'a fait un discours. Une fois le discours fini il a sorti un revolver de sa poche et a tiré six coups en l'air. J'ai dit à Piétri : « Mais pourquoi fait-il ça ? — « L'habitude ! » (*Il se redresse sur son oreiller.*) Voyez-vous comme j'ai eu raison de faire surélever mon lit : je vois la mer... (*Un temps.*) Vous n'avez pas de nouvelles de Mussolini ?

MOI

Je sais qu'il veut faire une loi pour empêcher l'émigration...

M. CLEMENCEAU

La meilleure loi serait peut-être de nourrir ses compatriotes. Je me rappelle ce pauvre Orlando à la Conférence... Il revendiquait Fiume

parce qu'il y avait à Fiume 100.000 Italiens...
Wilson s'est levé : « Il y a deux millions d'Italiens à New-York ! Vous n'allez pas demander New-York ? » (*Coup de poing dans le bonnet.*) Quelle heure est-il ?

MOI

Sept heures...

M. CLEMENCEAU

Prenez le papier sur Foch et allez dîner. Demain on verra dans quel état je serai. Je vous demanderai peut-être de ficher le camp. Je m'énerve à sentir votre pauvre femme avec ce crapaud...

XXV

MADAME RÉCAMIER
L'HOMME QUI A CONNU CHATEAUBRIAND
LE MARI DE MADAME GEOFFRIN
GUILLAUME II
« TROMPEZ-LE PLUTOT : C'EST PLUS SUR »

1ᵉʳ août 1928.

Albert vient ouvrir les contrevents de notre chambre. Soleil.

— M. Clemenceau va mieux, mais il ne veut rien manger. Le médecin va venir.

Notre chambre est une toute petite pièce blanchie à la chaux. Un parquet de larges lames de sapin. Un plafond d'étroites lames de pitchpin que les clous ont marquées de taches de rouille.

Le lit, la table, les chaises, la commode, etc., sont en pitchpin blond clair à larges veines.

Au mur, trois miroirs anciens dont le tain s'écaille.

A la tête du lit, une grande peinture chinoise sur soie où l'on aperçoit des dragons aux gueules horrifiantes.

A dix heures j'entre chez M. Clemenceau. Il est couché tout habillé sur son lit.

M. CLEMENCEAU

Ça va ?

MOI

Oui, Monsieur... Et vous ?

M. CLEMENCEAU

Cette nuit, j'ai passé des heures à essayer de me rappeler comment s'appelait Mme Récamier. Je savais qu'elle s'appelait Juliette et de son nom de jeune fille, Richard... Mais le nom de son mari ? Pas fichu de m'en souvenir... Dans ma tête ça devait se terminer en : e-t. Je me rappelais qu'il était médecin ou banquier. Vous savez qu'il n'y a pas eu de femme plus insignifiante au monde que Mme Récamier. Elle n'a rien dit et rien fait. Elle est là sur sa chaise longue... Dans un coin il y a Chateaubriand. J'ai connu quelqu'un qui avait connu Chateaubriand. C'était le père Bochet dont le frère était administrateur des biens de la famille d'Orléans. Il avait aussi un frère général et peut-être un troisième, marin... L'administrateur était un homme bien et assez raisonnable. Il était chef d'un parti qui ne pouvait arriver à rien et il s'occupait de ça avec assez de bon sens. En ce qui concerne les biens des d'Orléans je doute qu'il en ait mis dans sa poche : les d'Orléans avaient l'œil. J'ai rencontré le père Bochet dans les coulisses de l'Opéra... Il était méprisé de ces dames car il n'avait pas le sou... Bochet avait donc aperçu Chateaubriand ; il était tout petit et il ne disait pas un mot. Il restait assis dans son coin et avec un mouchoir il faisait ceci : il en mettait un coin dans sa bouche et il balançait la tête comme un magot. On appelle ça : faire la cloche. Cet homme dans un coin fait penser au mari de Mme Geoffrin. Il y avait dans le salon de Mme Geoffrin un vieux monsieur appuyé à la cheminée et qui ne disait rien ; un beau jour il disparaît. Quinze jours après quelqu'un dit à Mme Geoffrin :

« — Il y avait là un Monsieur... Qui était-ce donc ? Qu'est-ce qu'il est devenu ?

« — C'était mon mari et il est mort.

« Quand donc Chateaubriand est-il mort ? J'ai l'impression qu'il est mort quelque temps avant Julie... Quant à Julie...

MOI

Une femme comme ça ne meurt pas...

M. CLEMENCEAU

Pour mourir il faut avoir vécu.

> *Je prends le Larousse à l'article :*
> *Récamier.*

MOI

Primo, Mme Récamier n'est pas née Richard.

M. CLEMENCEAU

Ah ?

MOI

Mais Bernard. Son père était banquier.

20

M. CLEMENCEAU

Bernard... Banquier... C'était une Juive !

MOI

Elle était née à Lyon.

M. CLEMENCEAU

Ah ! C'est pour ça qu'Herriot s'est jeté là-dessus ! Je me rappelle que j'avais consacré un article à son livre et que j'avais dit : « Quelle drôle d'idée d'aller étudier la femme la moins intéressante qu'il y ait jamais eu ! » Il m'en a voulu. Il disait il y a quelque temps à un sculpteur qui fait mon buste et qui fait probablement aussi le sien : « Clemenceau est un homme méchant ! Oh ! c'est un homme méchant ! » Pauvre Herriot ! Pauvre Chateaubriand !

Il boit. Tous les quarts d'heure il absorbe un grand verre d'eau fraîche.

M. CLEMENCEAU

Il y en a un dans tout ça que je méprise par-dessus tout : C'est Guillaume II. Il finit dans la satisfaction et le contentement. D'ailleurs, ces rois et ces empereurs boches sont assez facilement bourgeois. Un jour, à Stuttgart, j'étais dans un hôtel. J'aperçois un homme avec des plaques, entouré de gens non moins plaqués, qui était assis là, dans le couloir ; il avait l'air parfaitement heureux. Je l'aurais pris assez volontiers pour un capitaine de gendarmerie. C'était le roi.

MOI

Je pense que vous suivez les affaires de l'Anschluss...

M. CLEMENCEAU

Je suis. Il y a M. Gustave Hervé qui déclarait l'autre jour : « Il ne me paraît pas possible qu'on refuse ça à l'Allemagne...[1]. »

Vers trois heures je retourne le voir. Il est assis dans son fauteuil.

M. CLEMENCEAU

Allez chercher votre femme. Je veux vous dire au revoir et vous mettre dehors. Je ne suis bon à rien.

Je sors et reviens avec ma femme.

M. CLEMENCEAU, *à ma femme.*

Ne vieillissez jamais... Bien que j'aie reçu tout à l'heure la visite d'un homme qui m'a dit que je n'avais rien. Pendant qu'il m'examinait je l'examinais moi aussi du coin de l'œil et j'ai constaté qu'il avait une chemise bleue et une martingale dans le dos... Méfiez-vous. Un homme qui s'habille comme ça est un homme qui trompe sa femme.

1. Voir *La Victoire* du 25 : « *Il nous semblerait difficile de refuser à l'Allemagne l'autorisation d'incorporer les sept millions d'Allemands d'Autriche...* »

MA FEMME

Mon mari est prévenu ; œil pour œil...

M. CLEMENCEAU

Vous le tromperiez ?

MA FEMME

Ou je le tuerais !

M. CLEMENCEAU

Trompez-le plutôt : c'est plus sûr. Il y a des gens qu'on ne peut pas tuer. Il y a des gens qui ne peuvent pas mourir. (*Lui tendant la main.*) Regardez-moi.

XXVI

LE BERCEAU ET LA TOMBE

15 aout 1928.

J'ai reçu ce télégramme :

Voulez-vous déjeuner mercredi matin d'où Colombier. Clemenceau.

Cette fois il pleut. Les chemins sont pleins de petites bonnes femmes à petites coiffes blanches et larges parapluies.

Je trouve M. Clemenceau dans sa chambre.

— Ça va mieux. Mais j'ai été touché. Il faut dire ce qui est : je fous le camp de tous les côtés... Qu'est-ce que vous avez fait de votre femme ? Vous ne l'avez pas amenée ? Elle a cané ! Je suis en train de relire un bouquin qui n'est tout de même pas mal : les *Récits des Temps Mérovingiens...*

— Un peu théâtral...

— Ah ! c'est bien ! Vous avez vu mon chien ? Non ? Vous n'êtes pas curieux ! Un terrier écossais qui a une gueule sympathique... Je ne peux pas vivre sans chiens ! Ils ont de tels silences...

A midi on est à table :

— Qu'est-ce que vous pensez de ce bar ?

— Fort honnête ! Vous avez voyagé, Monsieur...

— Un peu. Les routes de ce monde me sont connues...

— Avez-vous vu un pays où on mange comme chez nous ?

— Jamais !

— Dernièrement je suis allé dîner dans un restaurant chinois : j'ai failli en crever...

— Parbleu ! A Singapour on m'a offert un banquet chinois : des ailerons de requins, des nids d'hirondelles, etc. Ce sont des trucs qui devraient être interdits.

Je le regarde engloutir avec voracité, farouchement. Je ne puis m'empêcher de faire :

— Oh ! Oh !

— Qu'est-ce qu'il y a ?

— Vous m'avez l'air d'avoir un fameux appétit ! Je vous croyais malade ?

— Je veux mourir en beauté... Mangez !

Après la pêche pochée et le café nous filons. On a installé deux oreillers dans la Rolls et M. Clemenceau s'y creuse sa place. La grande guimbarde fonce en avant... Rrrr ! La lutte s'engage. Trous et bosses... Nous franchissons à toute vitesse les petits ponts en dos d'âne et M. Clemenceau s'abat sur moi et je m'affale sur lui... V'lan ! Boum !

— S'il regardait ce qu'il fait ! dit M. Clemenceau en parlant de Brabant.

Saint-Hilaire. Avrillé et son menhir. Mouthiers-les-Maufaits et son marché couvert. Mareuil. C'est le bocage. Les petites vallées qui s'enchevêtrent... Les chemins bordés de haies touffues... Les maisons grises coiffées de tuiles rouges... Bonnezeau. Chantonnay. Brabant va tête baissée...

Mouilleron... Rue Georges-Clemenceau.

— C'est là que je suis né il y a quelque chose comme quatre-vingt-sept ans. Ils ont mis une plaque.

La voiture s'arrête. Une grande maison à façade plate et morne. Je jette un regard à la plaque : « L'homme vers qui monte la reconnaissance... etc. »

Nous entrons. C'est une boulangerie. On aperçoit d'abord une petite boutique pleine de pains de six livres fendus par le milieu ; des coches de bois pendues au mur. Puis les Michonneau. Michonneau le père. La mère Michonneau. Le fils et la bru.

On est entré dans le salon : une grande pièce carrée dont les fenêtres s'ouvrent sur la rue.

— J'y ai dansé de fameuses polkas ! dit M. Clemenceau.

La mère Michonneau m'entraîne :

— Venez voir où il est né...

On grimpe par un petit escalier de bois. Au premier s'alignent des quantités de grandes pièces carrées.

La mère Michonneau pousse une porte : c'est

là. Une chambre. La fenêtre donne sur le jardin de derrière et sur la treille.

— A côté (*Elle pousse une autre porte.*) une autre chambre où il couchait quand il était petit. Ici (*Troisième porte.*) une troisième chambre où il couchait quand il était plus grand.

On dirait que lui seul a habité la maison et que la maison n'est pleine que de lui.

Nous redescendons. M. Clemenceau a pris le menton de la bonne femme :

— Je suis jaloux de vous !

— A cause ?

— Vous avez une plus belle moustache que moi !

Comme le père Michonneau se plaint de ses pattes qui ne vont plus guère :

— Il ne faut pas mourir avant moi ! lui crie M. Clemenceau.

— Je me défends ! Hé ! je fais ce que je peux !

— Tiens ! fait M. Clemenceau en reconnaissant un placard. J'ai été enfermé là-dedans...

Nous repartons. Le bocage s'est accidenté et dramatisé. Réaumur.

— Il y a encore le château, dit M. Clemenceau. Il y a encore des descendants. Ils ne savent peut-être même pas ce que c'est qu'un thermomètre...

Les vallées se creusent. Pouzauges avec son donjon en ruine. Le Boupère et son église fortifiée. Mouchamps... La Rolls s'engage dans un chemin qui n'est plus qu'une rigole à sec. Ça grimpe. Ça descend. Soudain :

— Voilà le Colombier !

Des meules. Des granges. Au milieu de quoi on distingue un grand bâtiment percé de fenêtres rares et étroites et que flanquent deux tourelles de pigeonniers. Par derrière se dresse la grosse tour qui survit à l'ancien château.

Des hommes, des femmes viennent à lui. Il les reconnaît.

— Comment ça va-t-il ?

— Tiens ! M. Georges !

Plaisanterie sur la vie et sur cette vieille mort familière.

— Entrons !

C'est une grande pièce carrée avec des poutres au plafond et un fusil au râtelier de la hotte. Ça sent la tristesse des vies mornes et la sueur. M. Clemenceau regarde tout cela. Il regarde ces hommes qui l'ont appelé : « Not' maître. » Il regarde un enfant qui tousse.

Entre les quatre murs de la pièce toute sa jeunesse tourbillonne : les grands feux de bois où il séchait ses habits trempés de chasseur ; la table où il dévorait de ses dents de quinze ans les énormes platées de mogettes ; les poutres de ce plafond qu'il interrogeait sur l'avenir...

Deux ou trois mots sur la toux de l'enfant : « Je ne peux pas l'ausculter... Je n'entends plus rien... » Il m'a pris le bras : « Venez. »

Nous sortons. Nous retraversons la cour où des poules picorent et où des chiens se grattent.

Il me montre un clos planté d'arbres :

— C'est là...

Quoi donc ? Il a poussé une porte. Nous sommes entrés. Une terrasse plantée d'acacias qui domine le lit d'un ruisseau[1]. Au milieu de la terrasse se dresse la Stèle de Samos.[2]

— Penchez-vous. C'est là qu'est la tombe de mon père...

Je me penche. Elle est placée en contrebas sur une sorte de seconde terrasse. Un petit entourage de fer sans un nom, des herbes folles.

— La mienne est à côté. Elle est toute creusée.

Des arbres. Beaucoup d'arbres. Quelque chose dans tout cela de simple et en même temps d'orgueilleux. Une sorte de paix des premiers âges.

J'ai enlevé mon chapeau. M. Clemenceau m'a poussé le coude :

— Restez couvert. Puis me montrant « sa tombe » :

— Vous avez vu ? Voilà la conclusion de tout ce que vous écrirez sur moi : un trou et beaucoup de bruit pour rien...

1. Le Petit Lay.
2. C'est le bas-relief exécuté par Sicard d'après la stèle du Musée de l'Acropole.

FIN

TABLE DES MATIÈRES

ACHEVÉ D'IMPRIMER
LE 12 DÉCEMBRE 1929
PAR EMMANUEL GREVIN
A LAGNY - SUR - MARNE

ALBIN MICHEL, Editeur, 22, Rue Huyghens, PARIS

	Vol.
LOUYS (Pierre)	
Aphrodite	1
La Femme et le Pantin	1
Les Chansons de Bilitis	1
Les Aventures du Roi Pausole	1
Archipel	1
Psyché	1
MAC ORLAN (Pierre)	
Le Bataillonnaire	1
MAGRE (Maurice)	
Priscilla d'Alexandrie	1
L'Appel de la Bête	1
La Luxure de Grenade	1
Le Mystère du Tigre	1
Le Poison de Goa	1
Lucifer	1
MALHERBE (Henry)	
La Flamme au poing (*Prix Goncourt* 1917)	1
MARTEL (Tancrède)	
Blancaflour	1
MARTET (Jean)	
Marion des Neiges	1
Gubbiah	1
MILLE (Pierre)	
La Détresse des Harpagon (*Prix Flaubert*)	1
Le Diable au Sahara	1
L'Illustre Partonneau	1
MIRBEAU (Octave)	
L'Abbé Jules	1
Le Calvaire (*Illustration de Jeanniot*)	1
MOSELLY (Emile)	
Les Etudiants	1
Le Journal de Gottfried Mauser	1
Fils de Gueux	1
PORTO-RICHE (Georg. DE)	
de l'Académie Française	
Théâtre d'Amour I : La Chance de Françoise ; Le Vieil Homme	1
Théâtre d'Amour II : Le Marchand d'Estampes ; Bonheur manqué	1
Théâtre d'Amour III : Amoureuse ; Les Malefilâtre	1
Théâtre d'Amour IV : Le Passé ; Zubiri	1
POURRAT (Henri)	
Gaspard des Montagnes (*Prix du Figaro*)	1
A la Belle Bergère ou quand Gaspard de guerre revint	1
RAMEAU (Jean)	
La Blonde Lilian	1
Le Roman du Bonheur	1
Les Aventures d'un Poète	1
Celle qu'on adore	1
RANDAU (Robert)	
Le Grand Patron	1
Les Colons	1
Les Explorateurs	1

	Vol.
RÉGNIER (Henri DE)	
de l'Académie Française	
Le Divertissement Provincial	1
ROLLAND (Romain)	
Jean-Christophe	10
Colas Breugnon	1
Théâtre de la Révolution	1
Les Tragédies de la Foi	1
Le Théâtre du Peuple	1
Au-dessus de la Mêlée	1
Les Précurseurs	1
Clérambault	1
L'Ame enchantée	4
Le Jeu de l'Amour et de la Mort	1
Pierre et Luce (*bois gravés de G. Belot*)	1
Liluli (*Illustrations de Frans Masereel*)	1
Pâques Fleuries	1
Les Léonides	1
SÉGUR (Nicolas)	
Le Rideau rouge	1
Elle et Lui à Venise	1
Le Mariage charnel	1
VAUTEL (Clément)	
La Réouverture du Paradis terrestre	1
Les Folles Bourgeoises	1
Mademoiselle Sans-Gêne	1
Mon Curé chez les Riches	1
Mon Curé chez les Pauvres	1
Madame ne veut pas d'enfant	1
Je suis un Affreux Bourgeois	1
L'Amour à la Parisienne	1
VAUTEL (Clément)	
et FOUCHARDIÈRE (G. DE LA)	
M. Méaigue	1
Le Bouif chez mon Curé	1
La Grande Rafle	1
VIGNAUD (Jean)	
Vénus	1
WILD (Herbert)	
Le Conquérant	1
Dans les Replis du Dragon	1
Les Chiens aboient	1
Le Colosse endormi	1
Les Corsaires	1
Le Retour interdit	1
WILLY	
Lélie, fumeuse d'opium	1
L'implacable Siska	1
Les Amis de Siska	1
Une Plage d'Amour (*Roman polyglotte*)	1
Sombre Histoire (*Roman gai*)	1
Do Dièze	1
Ginette la Rêveuse	1
Ledos, tapissier	1
L'Ether consolateur	1

Catalogue franco sur demande

Établissements Busson, Imprimeurs, 117, r. des Poissonniers, Paris (18e)